DISCIPULADO IMPARTICIÓN Y LEGADO

VISION DIL
DISCIPULADO IMPARTICION LEGADO

2025
Todos los derechos reservados.

Ninguna parte de esta publicación puede ser reproducida en ninguna forma sin el permiso escrito del autor.

Las citas bíblicas fueron tomadas de la Santa Biblia, Reina Valera 1960, a menos que se indique lo contrario.

Sociedad Bíblica Internacional.

Editora | C. REY

Diseño de cubierta
Diseño interior; Editora Ciudad del Rey

Publicado originalmente en español con el título:
LIDERAZGO DE REINO
© Israel Valenzuela y Noelia Guarda
Publicado por; Publicaciones Ciudad del Rey, República Dominicana
Todos los derechos reservados octubre 2025
Contactos: +1.809.806.8213
editoraciudaddelrey@gmail.com

Copyright © 2025 Israel Valenzuela
All rights reserved.
ISBN: 9798270953577

*"Levantando una generación encendida por
Su gloria para transformar naciones"*

El liderazgo del Reino no comienza en una posición, sino en una rendición. Antes de ser levantado, todo líder del Reino es formado en el fuego de la presencia. En ese lugar secreto nace la verdadera autoridad espiritual.

El DIL (Discipulado, Impartición y Legado) nació en el corazón de Dios para equipar iglesias, pastores y ministerios que desean formar discípulos con carácter, presencia y propósito. Este modelo no pertenece a una organización; pertenece al Reino. Fue diseñado para trascender estructuras humanas y convertirse en una herramienta de expansión espiritual en toda nación.

Este modelo fue gestado en un tiempo de profunda búsqueda espiritual. Mientras nos encontrábamos en un período de pruebas, acompañadas de oración y ayuno intenso, buscando dirección divina sobre cómo atraer almas a Cristo, cómo multiplicar la iglesia y cómo activar líderes que no permanecieran inactivos sino en misión constante, al noveno día nos fue revelada la visión de trabajar este modelo.

Una visión fresca, bíblica y disruptiva, que rompe esquemas tradicionales y activa a los líderes a vivir la comisión de Marcos 16:15: "Id por todo el mundo y predicad el evangelio a toda criatura." En ese proceso, también resurgieron con fuerza las palabras de Jesús: "Alzad vuestros ojos y mirad los campos, porque ya están blancos para la siega." (Juan 4:35) Y la urgencia espiritual del Reino: "La mies es mucha, mas los obreros pocos." (Mateo 9:37)

Así nació la visión DIL, como la respuesta a la necesidad de levantar obreros activos, enfocados y llenos de amor, alegría y entusiasmo por la obra del Reino.

EL PROPÓSITO DEL MODELO DIL

El DIL constituye una cultura espiritual universal, fundamentada en tres pilares eternos:
1. Discipulado: formar el carácter de Cristo en los hijos del Reino.
2. Impartición: transferir unción, cultura y mentalidad celestial.
3. Legado: dejar una huella espiritual que perdure en generaciones.

Cada uno de estos pilares sostiene módulos prácticos y revelacionales diseñados para ser adaptados por cualquier iglesia local, conservando su identidad, pero abrazando valores innegociables del Reino: santidad, excelencia, honra y expansión.

Fue concebido para funcionar en cualquier nación, cultura o iglesia. Su diseño permite establecer una misma cultura espiritual basada en Cristo, en la presencia, en el servicio y en el fruto multiplicador. El ADN DIL puede resumirse en tres expresiones: Cristo formado, Cristo impartido, Cristo legado.

Hoy presentamos el modelo DIL como una respuesta del cielo para este tiempo, con la convicción de que será una herramienta para afirmar a los discípulos, encender a los líderes y extender el Reino en cada territorio donde sea impartido. Oramos para que cada persona, equipo e iglesia que lo adopte pueda experimentar fruto, transformación y un avivamiento genuino centrado en Cristo.

Con amor y propósito,
Israel y Noelia Valenzuela
Pastores – Fundadores del modelo DIL

INDICE

Capítulo 1: La visión y misión del reino y de la casa........................ 9

    Semana 1 ……………………………………………………..….17

Capítulo 2: La iglesia: cuerpo, familia y misión............................ 25

    Semana 2 …………………………………………………..... .33

Capítulo 3: Liderazgo ofertante vs.Demandante........................... 41

    Semana 3 …………………………………………………..... 49

Capítulo 4: Lealtad y compromiso 57

    Semana 4 ………………………………………………………... 67

Capítulo 5: Finanzas del reino: diezmos, ofrendas y mayordomía.......... 75

    Semana 5 ………………………………………………………..... 83

Capítulo 6: Santidad y honra.. 91

    Semana 6 ………………………………………………..….…..99

Capítulo 7: Desarrollo, compañerismo y servicio con excelencia ……..... 107

    Semana 7 ………………………………………………………... 117

Capítulo 8: Portadores del adn de la casa 125

Capítulo 9: La comisión final 135

    Programa de Celulas …………………………………………… 142

1

LA VISIÓN Y MISIÓN DEL REINO Y DE LA CASA
El modelo de Reino para formar, impartir y dejar herencia espiritual

OBJETIVO

Revelar que la iglesia no es un lugar que se visita, sino una familia que se vive, un cuerpo que se conecta y una misión que se obedece. Cada líder o lideresa es una parte vital del propósito eterno de Cristo en esta casa.

Aquí no venimos solo a recibir: venimos a ser formados, enviados y establecidos

ADN DE NUESTRA IGLESIA

- Esta Iglesia no es una estructura, es un movimiento de fuego.
- No busca miembros, busca herederos.
- No forma eventos, forma generaciones.

Aquí no levantamos asistentes; levantamos discípulos, hijos y enviados.

Nuestra iglesia _____ ha sido levantada por Dios para:

1. **Discipular** con carácter:
   Formar el carácter de Cristo en cada persona que Él trae a esta casa.
2. **Impartir** con presencia:
   Transferir fe, cultura espiritual y unción a través de la enseñanza, el ejemplo y la conexión.
3. Dejar **legado** con propósito:
   Construir generaciones que permanezcan, avancen y lleven la visión más lejos que nosotros.

NUESTRO ADN ESPIRITUAL COMO IGLESIA

1. **Discipulado — Forma:**
   Moldea corazones, convicciones y carácter. El discipulado forma identidad, profundidad y madurez.
2. **Impartición — Enciende**
   Activa dones, aviva la fe y traspasa la cultura del Reino a través de la relación y el ejemplo.
3. **Legado — Permanece**
   Asegura que lo que Dios comenzó hoy permanezca mañana. Un legado no se hereda con palabras, sino con vida, ejemplo y constancia.

FUNDAMENTO PROFÉTICO — HABACUC 2:2–3

"Y Jehová me respondió y dijo: Escribe la _____, y decláralа en _____ _____, para que corra el que _____ en ella. Aunque la visión tardare, _____; aunque tardare, sin duda _____."

VISIÓN DE NUESTRA IGLESIA
(¿Qué queremos ver? ¿Qué imagen profética nos mostró Dios de nuestro futuro?)

MISIÓN DE NUESTRA IGLESIA
(¿Qué hacemos, ¿cómo lo hacemos y para quién lo hacemos?)

VALORES PRINCIPALES
(¿Cuáles son los principios no negociables que guían nuestra cultura ministerial?)

APLICACIÓN LOCAL DE LA VISIÓN

Antes de comenzar este proceso formativo, como iglesia declaramos con claridad nuestra visión, misión y valores, porque todo crecimiento espiritual verdadero se edifica sobre una casa con dirección, diseño y propósito.

Como iglesia, nuestra misión es:

_____

_____

_____

Esta misión será el fundamento de todos los módulos, enseñanzas y activaciones que viviremos, porque no formamos personas al azar, formamos hijos alineados a una visión.

NUESTRA CULTURA Y GOBIERNO ESPIRITUAL: PROVERBIOS 29:18

"Donde no hay _____, el pueblo se _____; más el que guarda la _____ es bienaventurado."

Nuestra estructura no se basa en democracia, sino en teocracia: Dios gobierna, su Palabra dirige y su Espíritu confirma. Por eso, la visión de esta casa no se administra, se obedece. El Reino no es una organización, es un gobierno.

En _____ creemos que toda persona que entra a esta familia entra a una herencia espiritual.

Con este modelo aprenderás que no eres un asistente ni un miembro más: eres un portador del ADN del Reino. Cada ministerio, cada célula y cada proyecto debe latir con la misma frecuencia que el corazón de esta visión. Ese ADN no fue diseñado para quedarse en un edificio, sino para reproducirse en cada discípulo que abrace la visión.

- La visión no se observa, se carga.
- La visión no se explica, se vive.
- La visión no se copia, se hereda.

EL COSTO DE LA VISIÓN
1. **Morir al ego:** Dios no comparte su gloria con nadie. Antes de expandir tu territorio, te reducirá a obediencia.
2. **Ser malinterpretado:** La visión celestial siempre parecerá locura para los naturales.
3. **Permanecer cuando otros se van:** La visión prueba la fidelidad en los tiempos de silencio.
4. **Servir cuando nadie te ve:** La visión verdadera se prueba en lo oculto, no en el aplauso.
5. **Alinear toda tu vida:** No se puede servir a la visión del Reino viviendo bajo agendas personales.

PRINCIPIOS DEL LÍDER CON VISIÓN
1. La visión nace de la revelación, no de la ambición.
2. La visión se escribe, se declara y se protege.
3. La visión de la casa es mi campo de entrenamiento para el Reino.
4. La obediencia mantiene la visión viva.
5. La visión que no se comparte, muere en el silencio.
6. La visión correcta te conecta con las personas correctas.
7. Los líderes con visión no compiten, se complementan.
8. La visión no se sostiene por emoción, sino por convicción y carácter.

APLICACIÓN LOCAL DE LA VISIÓN
Cada líder debe escribir, declarar y correr con esta visión. Antes de realizar tareas o proyectos, cada equipo debe revisar si su acción refleja y honra esta visión.

ACTIVACIÓN ESPIRITUAL — "ENCENDIENDO LA VISIÓN"

Ejercicio 2 – Mapa profético de la visión
Este mapa te obliga a ser honesto y a moverte de donde estás hoy a donde Dios te está llamando a estar. El objetivo de este ejercicio es doble: Alinearte con la visión de Dios y fortalecer tu conexión en cada área. El Mapa funciona como un puente que te conecta:

1. **Te conecta con tu realidad:** Te ayuda a identificar honestamente dónde estás hoy en tu familia, ministerio, servicio y carácter, sin juicio, sino con claridad.
2. **Te conecta con tu destino:** Te permite capturar la visión profética de lo que Dios quiere hacer en tu vida y a través de ti.
3. **Te conecta con el camino:** Te ayuda a establecer los pasos claros y concretos que debes dar para que esa visión se haga realidad.

Área	DÓNDE ESTOY HOY *Diagnóstico y Evaluación)*	QUÉ VEO QUE DIOS QUIERE HACER *Visión y Destino Profético)*	QUÉ PASOS DEBO DAR PARA AVANZAR *Plan de Acción Concreto)*
Familia	Actualmente mi hogar está en una etapa de transición espiritual. Oramos juntos ocasionalmente, pero falta constancia. Aún no tenemos un altar familiar establecido.	Dios quiere establecer en mi casa un altar diario de oración y enseñanza de la Palabra. Veo a mi familia sirviendo unida, siendo ejemplo de fe y amor en el vecindario.	- Establecer un altar familiar tres veces por semana. - Orar juntos antes de dormir. - Leer un capítulo bíblico cada domingo.
Ministerio	Sirvo en el área de bienvenida y apoyo en eventos. Me esfuerzo, pero a veces me falta puntualidad y coordinación.	Dios me ha mostrado que seré un líder o lideresa de equipo, formando nuevos servidores y servidoras con excelencia y alegría.	- Llegar 30 minutos antes a cada servicio. - Reunirme semanalmente con mi equipo. - Mentorear a dos nuevos servidores este mes.
Servicio	Tengo buena disposición, pero debo mejorar en organización y comunicación. A veces preparo las cosas a última hora.	Veo un servicio que refleja el amor y la excelencia del Reino; cada detalle revela su presencia.	- Preparar cada tarea con oración. - Cuidar los detalles con excelencia.
Carácter	Soy perseverante, pero batallo con la impaciencia. A veces me frustro con facilidad.	Dios quiere formar en mí un espíritu humilde, enseñable y perseverante. Veo un carácter maduro, capaz de corregir con amor.	- Orar cada mañana por dominio propio. - Leer un libro sobre liderazgo. - Evaluar mis actitudes y pedir perdón cuando sea necesario.

¿Qué te pareció el ejemplo que acabas de ver?

A partir del ejemplo anterior llena tu propio mapa. No te limites, deja que el Espíritu Santo te inspire. Este libro ya es tuyo, es parte de tu historia y de tu formación. Escribe, sueña, anota, plasma lo que Dios te muestra.

Área	DÓNDE ESTOY HOY Diagnóstico y Evaluación)	QUÉ VEO QUE DIOS QUIERE HACER Visión y Destino Profético)	QUÉ PASOS DEBO DAR PARA AVANZAR Plan de Acción Concreto
Familia			
Ministerio			
Servicio			
Carácter			
OTROS			

Recuerda: lo que hoy escribes en estas páginas, mañana puede convertirse en la guía con la que discipules a otros. Este libro será tu compañero de visión, tu huella escrita, tu testimonio vivo de lo que Dios hizo contigo.: "Lo que hoy escribes con tinta, mañana lo enseñarás con fuego."

CUESTIONARIO DE IMPARTICIÓN (llenarlas apúrate no lo dejes para mañana)

1. ¿Cómo describirías, en tus propias palabras, la visión que el DIL ha encendido en tu corazón y en tu iglesia? (Forma, enciende y permanece)

2. ¿Qué cosas te han impedido correr plenamente con esa visión del Reino? *(Identifica estorbos, excusas, hábitos, temores y distracciones.)*

3. ¿En qué áreas de tu vida has levantado tu propio "reino" en lugar de avanzar en el propósito de Dios? (Sé honesto(a). La impartición solo fluye donde hay rendición.)

4. ¿Qué acción concreta demostraría que estás alineado(a) con la visión del Reino y el ADN de tu iglesia?

5. Si tuvieras que impartir esta visión a una persona nueva, ¿cómo la expresarías en una sola frase?

6. ¿Qué precio estás dispuesto(a) a pagar por permanecer fiel a la visión que Dios te ha confiado? (Tiempo, carácter, obediencia, servicio, renuncia.)

7. ¿Qué recompensa espiritual crees que Dios promete a quienes corren con visión y perseveran hasta el final? (Escribe lo que esperas "ver" de Dios por causa de tu fidelidad.)

PARA MEMORIZAR

HECHOS 26:19
"Por lo cual, oh Rey Agripa, no fui _____ a la _____ _____."

GÁLATAS 2:20
"Con Cristo estoy juntamente _____; y ya no _____ yo, mas _____ vive en mí; y lo que ahora _____ en la carne, lo vivo en la ____ del Hijo de Dios, el cual me amó y se _____ a sí mismo por mí."

JEREMÍAS 1:7–8
"Y me dijo Jehová: No digas: '_____'; porque a todo lo que te envíe _____, y dirás todo lo que te _____. No temas delante de ellos, porque contigo estoy para _____, dice Jehová."

DECLARACIÓN FINAL

"Hoy decido abrazar la visión del Reino y comprometerme con el llamado
De mi iglesia: vivir, servir y liderar con carácter y propósito.
No viviré para mis planes, sino para el propósito eterno.
Declaro que mis pensamientos, mi servicio y mi pasión se alinean
con el corazón de Dios.

Soy parte de una generación encendida por su gloria,
formada para impartir y dejar legado.
El fuego del Espíritu Santo marcará mi vida,
y el ADN del Reino se manifestará en todo lo que hago."

SEMANA 1

LA VISIÓN Y MISIÓN DEL REINO Y DE LA CASA
"Cuando la visión se enciende, la generación despierta."

DÍA 1 "LA VISIÓN QUE CORRE"

*"La visión que cargo es divina, no negociable.
Aunque tarde, correré con ella hasta verla cumplida."*

Lectura: *Habacuc 2:2-3 (subrayalo en tu Biblia)*

Reflexión: ¿Qué parte de la visión de tu iglesia arde más fuerte en ti? ¿Qué te emociona, qué te desafía, qué te llama?

Dinámica: Escribe tu visión personal en una hoja y colócala en tu altar familiar. Léela en voz alta cada mañana esta semana.

Habacuc y la visión que no se rinde

Habacuc vivía en medio del caos. La injusticia reinaba, el pueblo se había desviado, y parecía que Dios guardaba silencio. Pero en medio de su clamor, Dios le respondió con algo que cambiaría todo: una visión escrita desde el cielo.

"Escribe la visión, declárala en tablas, para que corra el que la lea…"

Dios no le dio una solución inmediata, le dio una palabra profética con propósito. Le dijo: *"Aunque tarde, espérala, porque sin duda vendrá."* Habacuc entendió que la visión no era solo para él, sino para una generación que correría con ella. Por eso la escribió en tablas grandes, visibles, claras. Porque la visión que no se escribe, se olvida. Y la que no se corre, se pierde.

Imagina a Habacuc, con el corazón encendido, escribiendo en tablas lo que Dios le mostró. No era una estrategia humana, era un mapa celestial. Cada letra que trazaba era fuego. Cada palabra era destino. La visión no era una idea: era una asignación. No era una emoción: era una convicción.

Y tú, hoy, estás en el mismo punto. Dios te ha entregado una visión: la de tu iglesia, no para que la observes, sino para que la cargues. No para que la repitas, sino para que la vivas. Es tiempo de escribirla, declararla y correr con ella.

DÍA 2 "MI ALIMENTO ES SU VOLUNTAD"

*"Mi alimento no es el aplauso ni el reconocimiento,
es hacer la voluntad del que me envió."*

Juan 4:34 *(subrayalo en tu Biblia)*
Reflexión: ¿Qué te impide correr con la visión? ¿Qué distracciones, temores o agendas personales necesitas rendir?

Dinámica: Luego de saber la visión de la iglesia, grabala en un audio o video, escuchala hasta memorizarla, a partir de esta dinámica ora para alinearte a ella.

Jesús y la mujer samaritana – El alimento invisible

Jesús estaba cansado, físicamente agotado, y sus discípulos fueron a buscar comida. Pero mientras ellos pensaban en pan, Él estaba impartiendo propósito. En medio de una conversación con una mujer despreciada por su cultura, Jesús liberó destino, sanó identidad y encendió una ciudad.

Cuando los discípulos regresaron, sorprendidos por su energía, le preguntaron si ya había comido. Y Él respondió:
"Mi comida es hacer la voluntad del que me envió y llevar a cabo su obra."

¡Qué respuesta tan poderosa! Jesús no estaba saciado por lo físico, sino por lo espiritual. Su fuerza venía del cumplimiento de la visión. Mientras otros pensaban en llenar el estómago, Él estaba llenando corazones. Mientras otros buscaban descanso, Él estaba activando destino. Este es el tipo de liderazgo que DIL forma: líderes que se alimentan de obediencia, que se sacian con propósito, que no viven por emociones sino por asignación.

Hoy, Dios te llama a dejar de buscar lo que te llena y empezar a vivir lo que te fue encargado.

Tu alimento no es el confort, es la misión. Tu fuerza no viene del descanso, viene de la obediencia.

DÍA 3 "DONDE HAY VISIÓN, HAY VIDA"

"Sin visión, me desvío; con visión, me alineo al propósito eterno."

Proverbios 29:18 *(subrayalo en tu Biblia)*
Reflexión: ¿Qué área de tu vida aún no está alineada con la visión de la casa?
Dinámica: Durante esta semana, escucha 2 predicaciones de tus pastores principales y anota 3 frases de cada una que sientas que se grabaron en tu espíritu.

1. –
2. –
3. –
1. –
2. –
3. –

Habacuc: La visión que sostiene al líder del Reino

Habacuc vivía en días de confusión, violencia y silencio aparente de Dios. Él miraba el caos y preguntaba: "¿Hasta cuándo, Señor?". En lugar de darle una explicación, Dios le entregó algo más poderoso: una visión.

"Escribe la visión, hazla clara… aunque tarde, espérala, porque sin duda vendrá." (Habacuc 2:2-3) Dios no le dio un cambio inmediato, sino dirección espiritual. La visión tenía que escribirse, hacerse clara y correrse, porque lo que no se escribe se olvida, y lo que no se corre se detiene.

Mientras el pueblo veía crisis, Dios veía cumplimiento. Mientras Habacuc veía demora, Dios veía preparación. Mientras él veía silencio, el cielo veía avance. La visión llevó a Habacuc a alinearse con lo que Dios dijo, no con lo que veía. Por eso terminó declarando: "Aunque la higuera no florezca… con todo, me alegraré en el Señor."

Habacuc descubrió que una visión dada por Dios:
- Sostiene cuando todo se tambalea,
- Da enfoque cuando la vida se dispersa,
- Mantiene vivo el propósito cuando la temporada parece estéril.

Un líder con visión no se mueve por emociones, sino por convicción. No vive por lo que siente, sino por lo que Dios habló.

DÍA 4 – "MAPA PROFÉTICO"
*"Mis ojos espirituales se abren para ver lo eterno.
No caminaré por vista, sino por revelación."*

Efesios 1:17-18 *(subraya lo interesante)*
Reflexión: ¿Qué ves que Dios quiere hacer contigo en esta temporada? ¿Qué áreas necesitan dirección profética?
Dinámica: Recuerda leer tu propio "Mapa Profético" El que llenaste de tus áreas de familia, ministerio, servicio y carácter. Sé honesto, sé valiente, sé obediente.

Moisés en el monte – El diseño que transforma

Moisés había guiado al pueblo fuera de Egipto, pero no bastaba con salir de la esclavitud: ahora debían construir un lugar donde Dios habitara. Entonces, Dios lo llamó al monte, no para darle instrucciones humanas, sino para mostrarle un diseño celestial.

Allí, en la cima, Moisés recibió planos detallados del tabernáculo. No eran ideas suyas, eran revelaciones divinas. Cada medida, cada material, cada forma tenía propósito. Dios le dijo: "Hazlo conforme al modelo que te fue mostrado en el monte." Moisés no improvisó. No copió modelos ajenos. No pidió opiniones. Él obedeció el diseño que vio en lo alto. Porque cuando Dios revela, no se negocia: se ejecuta con temor y excelencia. Ese tabernáculo se convirtió en el lugar donde la gloria descendía, donde el pueblo se encontraba con Dios, donde el cielo tocaba la tierra.

Todo porque un hombre decidió construir según el modelo profético. Hoy, Dios te llama al monte. No para que repitas lo que otros hacen, sino para que veas lo que Él quiere hacer contigo. Tu familia, tu ministerio, tu carácter... todo necesita un diseño del cielo. Y ese diseño no se recibe en la multitud, se recibe en la intimidad.

Llena tu mapa profético. No es un ejercicio, es una impartición. No es un papel, es un altar. Lo que escribas será el plano de tu legado.

DÍA 5 – "IMPARTICIÓN Y LEGADO"

"Lo que recibo, lo imparto. No soy un recipiente, soy un canal de fuego."

Lectura: *2 Timoteo 2:2 (subrayalo en tu Biblia)*
Reflexión: ¿A quién puedes impartir esta visión esta semana? ¿Quién necesita escuchar lo que Dios te ha mostrado?
Dinámica: Después de escuchar las predicaciones de tus pastores esta semana, elige una sola frase que haya marcado tu espíritu.

1. **Escribe la frase exacta** que te impactó de la predicación.
2. **Envíala por WhatsApp** a una persona que el Espíritu Santo ponga en tu corazón.
3. **Acompáñala con una oración**, impartiendo esa misma verdad sobre su vida.
4. **Ora por esa persona durante las próximas 24 horas**, pidiendo que Dios active en ella lo que a ti te impartió.

Pablo y Timoteo – El legado que forma generaciones

Pablo no era solo un predicador, era un formador de generaciones. En medio de persecuciones, cárceles y desafíos, él no dejó de impartir. Su visión no era personal, era generacional. Por eso, cuando encontró a Timoteo —un joven con buen testimonio y corazón enseñable— lo tomó como hijo espiritual. Pablo no le dio solo doctrina, le dio vida. No le entregó solo enseñanzas, le entregó carga. Le dijo: "Lo que has oído de mí ante muchos testigos, esto encarga a hombres fieles que sean idóneos para enseñar también a otros."

Ese es el modelo del Reino: impartición que se multiplica. Pablo no pensaba en su ministerio, pensaba en el legado. No buscaba seguidores, buscaba herederos. Timoteo se convirtió en pastor, en líder, en portador de visión. Y todo comenzó con una impartición.

Hoy, Dios te llama a hacer lo mismo. Lo que has recibido esta semana —palabra, visión, activación— no es solo para ti. Es para alguien más. Hay un Timoteo esperando tu voz, tu oración, tu testimonio. No lo guardes. Impártelo. Porque en el Reino, el verdadero crecimiento no se mide por lo que sabes, sino por lo que impartes. Y el verdadero legado no es lo que dejas escrito, sino lo que dejas encendido.

DIA 6 – "ORACIÓN PROFÉTICA"

*"Me levanto y resplandezco. No viviré apagado,
sino encendido por la gloria que me fue prometida."*

Isaías 60:1." Subráyalo en tu Biblia.
Reflexión: ¿Qué te está diciendo el Espíritu Santo hoy? ¿Qué áreas de tu vida necesitan ser encendidas por su luz?

Dinámica: Vamos a activar tu disposición para el próximo módulo, donde entenderás tu función dentro del cuerpo de Cristo: Graba un audio de 20 segundos en WhatsApp diciendo en voz alta: Señor, enciende mi vida ahora mismo. Sacude todo lo que está dormido en mí. Rompe toda apatía, todo conformismo y toda frialdad espiritual. Despierta mis dones, aviva mi espíritu y remueve cualquier cosa que me esté frenando. Heme aquí, Señor: quebrántame, purifícame, levántame y úsame para tu gloria, para tu Reino y para tu propósito eterno."

Guárdalo, escúchalo cada mañana durante 7 días como recordatorio profético y acto de alineación espiritual.

Este audio no es un ritual: es un punto de activación.
- Es tu voz despertando tu espíritu.
- Es tu fe respondiendo al llamado.
- Es tu "Heme aquí" preparándote para entrar al próximo nivel: vivir no solo encendido, sino conectado al cuerpo, a la familia y a la misión.

Historia bíblica: Isaías – El llamado que encendió una vida

Isaías era profeta, pero aún no había sido activado para su mayor asignación. En el capítulo 6, tuvo una visión que lo marcó para siempre: vio al Señor sentado en su trono, alto y sublime, y el templo se llenó de su gloria. Los serafines clamaban "Santo, santo, santo", y la atmósfera era tan intensa que Isaías cayó de rodillas, reconociendo su condición.

Entonces, uno de los serafines tomó un carbón encendido del altar y lo tocó en sus labios. Fue una impartición de fuego, de purificación, de activación. Y en ese momento, Dios preguntó: "¿A quién enviaré, y quién irá por nosotros?" Isaías no dudó. No pidió garantías. No negoció condiciones. Solo respondió: "Heme aquí, envíame a mí." Ese día, Isaías no solo fue limpiado, fue encendido. No solo fue perdonado, fue comisionado. Su vida se convirtió en una llama profética que impactó generaciones.

Hoy, tú estás frente al mismo altar. Dios no busca perfección, busca disposición. No espera que lo tengas todo resuelto, solo que digas: "Heme aquí." Tu oración profética no es un acto religioso, es una respuesta al llamado.

2

LA IGLESIA: CUERPO, FAMILIA Y MISIÓN
"Somos el latido visible de un Dios invisible."

OBJETIVO:

Revelar que la iglesia no es un lugar que se visita, sino una familia que se vive y un cuerpo que se mueve. Cada líder o lideresa es parte vital del propósito eterno de Cristo en la tierra.

IDENTIDAD DE LA CASA

En _____ creemos que la Iglesia es mucho más que una congregación: es una familia espiritual donde cada hijo e hija crece, sirve y hereda. Desde su origen, esta casa ha sido llamada a reflejar el Reino en cada esfera de la vida —familia, trabajo, servicio y sociedad— integrando santidad, excelencia, sabiduría y amor. La iglesia no es un edificio que se visita, sino un cuerpo que se edifica; no es un grupo de personas que asisten, sino una familia que avanza bajo un mismo Espíritu.

VERSÍCULOS BASE

Efesios 4:11-16 — "Y él mismo constituyó a unos _____ ;a otros _____ ; a otros _____ ; a otros _____ y _____ , a fin de perfeccionar a los _____ para la obra del _____ , para la edificación del _____ de Cristo... hasta que todos lleguemos a la _____ de la fe y del conocimiento del _____ de Dios... Siguiendo la verdad en _____ , crezcamos en todo en aquel que es la _____ , esto es, Cristo."

"Para perfeccionar a los santos para la obra del ministerio..."

Hechos 2:42-47 — "Y perseveraban en la _____ de los apóstoles, en la _____ unos con otros, en el _____ del pan y en las _____. Todos los que habían creído estaban _____, tenían en _____ todas las cosas… Perseverando _____ cada día en el templo, y partiendo el pan en las _____, comían juntos con alegría y _____ de corazón… Y el Señor _____ cada día a la iglesia los que habían de ser _____."

"Perseveraban unánimes, partiendo el pan en las casas."

Romanos 12:4-8 — "Porque de la manera que en un _____ tenemos muchos _____, pero no todos tienen la misma _____; así nosotros, siendo muchos, somos un _____ en Cristo, y todos miembros los unos de los otros. Teniendo diferentes _____ según la gracia dada: si es _____, úsese conforme a la fe; si es de _____, en servir; el que enseña, en la _____; el que exhorta, en la _____; el que reparte, con _____; el que preside, con _____; el que hace misericordia, con _____."

"Somos muchos miembros, pero un solo cuerpo."

ENSEÑANZA PROFÉTICA

"Dios no llama a solitarios, llama a cuerpos.": La iglesia no es una institución; es un organismo vivo en el que Cristo es la Cabeza. Cuando alguien es salvo, el cielo no solo le entrega perdón: le entrega una posición en el cuerpo.

1. La Iglesia como CUERPO

Donde no hay conexión, no fluye la unción.: Cada parte cuenta. Un cuerpo con miembros desconectados enferma; una iglesia con ministerios aislados se debilita. Tu función —por pequeña que parezca— sostiene vida en otro miembro.

El aceite corre desde la cabeza (Cristo) hacia los pies (la congregación) solo cuando el cuerpo está unido (Salmo 133).

2. La Iglesia como FAMILIA

Jesús no dijo "edificaré mi empresa", dijo "edificaré mi iglesia". La iglesia es la mesa donde los hijos e hijas se nutren, se corrigen y se impulsan. En una familia hay orden, autoridad y herencia. Los huérfanos espirituales buscan posición; los hijos buscan propósito.

"En la casa, nadie compite: todos contribuyen."

CULTURA DEL REINO

Cada iglesia tiene un ADN; el nuestro se define por siete pilares espirituales:

1. **Identidad de hijos/as:** no servimos por obligación, sino por pertenencia.
2. **Servicio con excelencia:** todo lo que hacemos, lo hacemos para su gloria.
3. **Unidad y compromiso:** el amor y la comunicación abierta nos mantienen firmes.
4. **Integridad y obediencia:** la pureza del carácter sostiene la pureza de la visión.
5. **Liderazgo con dones:** cada creyente tiene un llamado y un lugar de servicio.
6. **Sabiduría y vigilancia:** discernimos los tiempos para actuar con propósito.
7. **Inspiración del Espíritu Santo:** nada avanza sin su guía.

Esta es la cultura que respiramos en cada reunión, ministerio y relación. Aquí no buscamos ser perfectos, sino familia que refleja al Padre.

3. La Iglesia como MISIÓN

Una iglesia sin misión se convierte en museo. Fuimos enviados a manifestar el Reino: sanar, restaurar y discipular naciónes. Cada reunión, cada ministerio y cada líder/a debe responder: "¿Estoy contribuyendo a la expansión del Reino o solo a la comodidad del templo?"

PRINCIPIOS DEL CUERPO VIVO

1. **Unidad antes que uniformidad.** No todos hacemos lo mismo, pero caminamos hacia lo mismo.

2. **La autoridad no oprime, protege.** Los ministerios se sujetan unos a otros para fluir en gracia.
3. **Servir es la mayor posición.** En el cuerpo, la grandeza se mide por el servicio.
4. **La comunión sostiene la misión.** El enemigo no teme a una iglesia grande, teme a una iglesia unida.
5. **Cada don es una herramienta, no un trofeo.** Se nos dieron dones para edificar, no para destacar.

ACTIVACIÓN ESPIRITUAL:

"CUERPO, FAMILIA Y MISIÓN: VIVIR DESDE EL DISEÑO ETERNO"

"La iglesia no se sostiene por programas, sino por personas que entienden su lugar en el cuerpo. Dios no busca asistentes; busca miembros vivos."

1. REVELACIÓN DEL CUERPO – "SOY PARTE, NO PIEZA SUELTA"

"Porque así como el cuerpo es uno, y tiene muchos miembros, pero todos los miembros del cuerpo, siendo muchos, son un solo cuerpo, así también Cristo." 1 Corintios 12:12

Cada creyente tiene un lugar asignado. Ninguna parte puede vivir desconectada. El cuerpo de Cristo enferma cuando alguien decide vivir aislado, ofendido o indiferente. No se trata de tener talentos, sino de estar unidos en propósito.

Reflexión:
¿Estás siendo un miembro que aporta o uno que absorbe?
¿Tu presencia fortalece el cuerpo o lo debilita?
¿Estás fluyendo bajo autoridad o caminando por cuenta propia?

Declaración:
"Pertenezco al cuerpo de Cristo. No me desconectaré por herida ni me aislaré por orgullo. Mi función es vital para el fluir del Reino."

2. REVELACIÓN DE LA FAMILIA – "NO SOY CLIENTE, SOY HIJO"

"Así que ya no sois extranjeros ni advenedizos, sino conciudadanos de los santos, y miembros de la familia de Dios."
Efesios 2:19

Dios no te plantó en una congregación para consumir, sino para pertenecer. La iglesia no es una empresa, es una mesa. Los hijos se sientan, los visitantes observan. Donde no hay paternidad, hay orfandad; y donde hay orfandad, hay división.

Reflexión:
¿Te comportas como hijo o como asistente?
¿Tienes el corazón abierto para recibir corrección, instrucción y dirección espiritual?
¿Honras la mesa donde comes o hablas contra la casa que te alimenta?

"Soy hijo de esta casa. No estoy de paso; tengo herencia, tengo propósito y tengo asignación."

3. REVELACIÓN DE LA MISIÓN – "SOMOS ENVIADOS, NO ESTACIONADOS"

La iglesia que no sale, se apaga. Dios no te llamó a llenar una silla, te llamó a transformar ambientes. El Espíritu no fue dado para encerrarte, sino para empoderarte. Tu trabajo, tu vecindario, tu familia, tu entorno: todo es campo misionero.

Reflexión: SUBRAYA
¿Eres un creyente que asiste o un embajador que representa?
¿Tu vida está provocando transformación en los lugares donde caminas?
¿Eres conocido por tu fe o por tu silencio?

"Soy enviado. Donde llego, el Reino se manifiesta. No callaré, no me detendré, no viviré para dentro. Vivo para influir, sanar y discipular."

4. REVELACIÓN DEL PROPÓSITO – "MI DISEÑO SIRVE AL DISEÑO"

"Y lo he llenado del Espíritu de Dios, en sabiduría, en inteligencia y en ciencia para toda obra." Éxodo 31:3

Bezaleel no fue apóstol ni profeta, fue un artesano lleno del Espíritu. Su habilidad fue su ministerio. Muchos menosprecian lo que saben hacer porque no lleva micrófono. Pero Dios no unge funciones vacías; unge corazones disponibles.

Reflexión: SUBRARA
¿Qué don has enterrado por miedo, comparación o desánimo?
¿A quién sirve tu habilidad o talento dentro del cuerpo?
¿Estás esperando una plataforma o construyendo un altar?

"Mi don no es adorno, es herramienta. Lo que hago con mis manos, mis palabras y mi carácter es parte de la gloria que Dios quiere manifestar en su casa."

CUESTIONARIO DE REFLEXIÓN

1. ¿Por qué crees que Dios te plantó en esta iglesia y no en otra? (Piensa en el propósito espiritual detrás de tu conexión con esta casa.)

2. ¿Qué significa para ti ser parte activa del cuerpo de Cristo, más allá de asistir a una iglesia?

3. ¿Qué áreas de tu vida aún no están completamente conectadas o alineadas al cuerpo espiritual al que perteneces?

4. ¿De qué manera puedes fortalecer la unidad en tu equipo, ministerio o congregación?

5. ¿Estás sirviendo desde tu llamado y tus dones, o desde la costumbre y la conveniencia?

6. ¿Cómo puedes manifestar amor familiar y espiritual hacia alguien nuevo o menos integrado en la iglesia?

7. ¿Cuál crees que es la misión principal de tu iglesia en esta ciudad y cuál es tu papel personal dentro de ella?

HERENCIA Y COBERTURA ESPIRITUAL

_____ no es solo una congregación; es una corriente espiritual que forma, activa y envía. Bajo la cobertura pastoral de los pastores _____, recibimos no solo instrucción, sino herencia espiritual.

Esa cobertura no es control, es cuidado. No es imposición, es impartición. No es estructura, es paternidad.

Cada ministerio, célula y líder está conectado a una visión que impulsa el cumplimiento del propósito del Reino.

Este modelo nació en un ambiente de oración, formación y visión apostólica. Hoy ha sido abrazado por esta iglesia que buscan edificar líderes con propósito y carácter. Tú, como líder en formación, estás siendo capacitado para dar lo mejor de ti al Reino. Por eso, mientras avanzas en este proceso, recuerda que el verdadero fruto del aprendizaje es la honra: valora a tus mentores, recibe su enseñanza y sirve con gratitud.

Porque lo que nos une no es un rótulo, es un ADN: una red viva de propósito, servicio y legado. La Iglesia es familia porque tiene Padre; es cuerpo porque tiene Cabeza; y es misión porque tiene destino.

Así, cada iglesia que implementa el DIL bajo su propia cobertura se convierte en parte de una generación que vive, sirve y deja legado.

DECLARACIÓN FINAL

**Ponte de pie, pon tu mano sobre el corazón.
Declara con voz firme y convencida:**

"No fui llamado a ocupar un lugar, fui llamado a ocupar propósito.
No fui llamado a buscar posición, fui llamado a servir con pasión.
No estoy aquí por accidente, sino por propósito. Rechazo el aislamiento y abrazo la comunión. Serviré con amor, honraré la autoridad
No vine a ver lo que Dios hace, vine a ser parte de lo que Dios está haciendo.
Soy parte del cuerpo, soy hijo de la casa, soy enviado a la misión.
No viviré desconectado, no viviré dividido, no viviré dormido.
Seré iglesia viva, reflejo de un Dios invisible en esta generación
¡Soy iglesia, soy familia, soy misión!"

Oración final:
"Padre, despierta en mí la conciencia del cuerpo,
la identidad del hijo y la urgencia de la misión.
Hazme sensible a Tu propósito, firme en la fe y fiel en el servicio.
Haz de mí un miembro sano, una familia unida y una misión activa.
Que mi vida sea un altar donde se vea Tu Reino.
En el nombre de Jesús. Amén."

DÍA 1 – "CONEXIONES QUE DAN VIDA"

"Donde no hay conexión, no fluye la unción. El cuerpo se fortalece cuando cada miembro se une en amor y propósito."

Efesios 4:16: Subráyalo en tu Biblia.

Reflexión: ¿Con quién necesitas fortalecer tu conexión espiritual esta semana? ¿Qué personas dentro de la iglesia o fuera necesitan tu afirmación, tu oración o tu presencia?

Dinámica: Junto a un compañero/a de este curso, contacten a tres personas dentro de la iglesia que no hayan sido alcanzadas por otros de este módulo. Oren por ellas durante la semana y envíenles un mensaje de afirmación o apoyo. Luego, elijan un amigo, familiar o vecino que ambos puedan visitar (no asistente a otra iglesia). Permitan que les abran la puerta de su casa para orar con ellos y compartir una palabra de esperanza. Si lo desean, inviten a las tres personas de la iglesia que contactaron a acompañarlos en esta labor. Sean iglesia donde otros solo ven rutina.

David y los valientes – Conexión que da propósito

David no conquistó solo. Aunque era ungido, aunque tenía visión, necesitaba un cuerpo que lo rodeara. La Biblia habla de sus "valientes": hombres que se unieron a él en la cueva de Adulam, en tiempos de crisis, y que luego se convirtieron en guerreros que marcaron historia. Uno de ellos mató a ochocientos con una sola lanza. Otro defendió un campo de lentejas cuando todos huyeron. Otro se lanzó a un pozo en tiempo de nieve para matar a un león. ¿Qué tenían en común? No eran perfectos, pero estaban conectados. No eran famosos, pero estaban alineados.

David no los llamó por sus talentos, los abrazó por su lealtad. Y juntos formaron un cuerpo que transformó Israel. Hoy, tú eres parte de ese cuerpo. No estás solo. Hay personas que necesitan tu afirmación, tu oración, tu presencia. Y tú también necesitas de ellos. Porque en el Reino, la grandeza no se mide por lo que haces solo, sino por lo que edificas en comunión.

DÍA 2 – "MI ROL EN EL CUERPO"
*"No fui llamado a asistir, sino a edificar.
Mi lugar en el cuerpo no es decorativo, es funcional."*

Romanos 12:4-5 Subráyalo en tu Biblia. ¿Estás operando en tu diseño o simplemente ocupando espacio?

Reflexión: ¿Qué sabes hacer bien? ¿Cómo puede tu talento o don servir a tu iglesia? ¿Qué necesitas aprender para hacerlo con excelencia?
Dinámica: Escribe tus respuestas en tres líneas:
– Qué sé hacer bien (talento/don)

– Cómo eso puede servir a mi iglesia

– Qué necesito aprender para hacerlo mejor, Compártelo con tus líderes o pastores esta semana.

Historia bíblica: Bezaleel – El artesano que edificó gloria

Cuando Dios dio a Moisés el diseño del tabernáculo, no le pidió que lo construyera solo. Le dijo: "He llamado por nombre a Bezaleel… y lo he llenado del Espíritu de Dios en sabiduría, inteligencia y ciencia en todo arte."

Bezaleel no era predicador, ni levita, ni profeta. Era artesano. Pero su don tenía propósito. Dios lo activó para construir el lugar donde su gloria descendería. Cada cortina, cada utensilio, cada detalle fue hecho por manos llenas de Espíritu.

Bezaleel no buscó púlpito, buscó obediencia. No pidió reconocimiento, pidió dirección. Y su obra quedó registrada como parte del diseño celestial.

Hoy, tú eres Bezaleel. Tu don —sea enseñar, servir, organizar, diseñar, cantar, liderar, interceder— tiene un lugar en el cuerpo. No lo escondas. No lo subestimes. No lo compares. Entrégalo. Porque cuando cada miembro funciona, el cuerpo se edifica en amor.

DÍA 3 – "MISIÓN EN MOVIMIENTO"

*"No fui llamado a llenar bancas, sino a transformar vidas.
La iglesia no se encierra, se envía."*

Hechos 2:46-47 Subráyalo en tu Biblia ¿Qué significa partir el pan en las casas? ¿Qué implica tener favor con el pueblo?

Reflexión: ¿Estás viviendo la misión fuera del templo? ¿A quién puedes visitar, afirmar o ministrar esta semana?

Dinámica: Escribe entre tres y cinco frases cristianas breves —pueden ser versículos, declaraciones de fe o mensajes de esperanza— y entrégalas a las primeras personas que veas dentro o fuera de la iglesia. Si lo prefieres, puedes comprar pequeñas "palabritas" o tarjetas inspiracionales en la librería más cercana, o escribirlas tú mismo.

Hazlo con sinceridad, sin temor, y observa la reacción de quienes las reciben.

Pedro y Juan – La misión que camina

Pedro y Juan no estaban en un culto, estaban caminando hacia él. En Hechos 3, mientras subían al templo, encontraron a un hombre paralítico pidiendo limosna. No lo ignoraron. No lo invitaron a la reunión. Lo ministraron en el camino.

Pedro le dijo: "No tengo plata ni oro, pero lo que tengo te doy: en el nombre de Jesucristo de Nazaret, levántate y anda." Y el hombre se levantó, entró al templo saltando, adorando, y toda la ciudad se estremeció.

La misión no espera el micrófono. No necesita escenario. Se activa en la calle, en la casa, en el camino. Pedro y Juan no estaban buscando milagros, estaban viviendo como cuerpo. Y donde hay cuerpo unido, hay poder liberado.

Hoy, tú eres Pedro. Tú eres Juan. Hay alguien esperando tu oración, tu visita, tu palabra. No lo postergues. Porque cuando la iglesia se mueve, el Reino se manifiesta.

DÍA 4 – "UNIDAD QUE EDIFICA"

*"La unidad no es opción, es condición para que la gloria descienda.
Donde hay comunión, hay expansión."*

Salmo 133:1-3 Subráyalo en tu Biblia. Medita en lo que significa "habitar juntos". ¿Estás edificando armonía o dividiendo atmósferas?

Reflexión: ¿Cómo puedes fomentar unidad en tu equipo o ministerio? ¿Qué actitudes necesitas rendir para que el cuerpo fluya en amor?

DINÁMICA — "LA MESA DEL PUENTE"

PASO 1 — Identifica dos personas (sin justificar):
- Una persona con la que casi no hablas en la iglesia.
- Una persona con la que tienes una relación cercana.

PASO 2 — La mesa antes del servicio:

Antes del próximo servicio, te vas a reunir brevemente con ambas. Puede ser con un café, un jugo o simplemente sentarse juntos.

(No es una reunión formal, es un gesto sencillo de familia.)

Puedes decir algo como: "Quise sentarme con ustedes porque ustedes son mis hermanos en la fe y quiero compartir este momento con ustedes."

Hablan normal. / Se conocen. / Se miran. /Se tratan como familia.

Los constructores del muro – Unidad que vence oposición

En tiempos de Nehemías, Jerusalén estaba en ruinas. Pero cuando el pueblo se unió para reconstruir el muro, algo sobrenatural ocurrió. Cada familia tomó una sección, cada grupo trabajó hombro a hombro, y en solo 52 días levantaron lo que estaba destruido. No fue fácil. Hubo burla, amenaza, cansancio. Pero Nehemías declaró: "El Dios del cielo nos prosperará, y nosotros sus siervos nos levantaremos y edificaremos." La clave no fue la fuerza, fue la unidad. Cada uno edificaba frente a su casa, sabiendo que lo que hacían no era solo para ellos, sino para todos.

Hoy, tú edificas frente a tu casa. Tu oración, tu servicio, tu actitud, afectan el muro espiritual de toda la congregación. Donde hay unidad, hay aceleración. Donde hay comunión, hay conquista.

DÍA 5 – "SERVIR CON PROPÓSITO"
*"En el cuerpo, la grandeza se mide por el servicio.
No sirvo por obligación, sirvo por identidad."*

Efesios 4:11-12 Subráyalo en tu Biblia. ¿Qué significa ser perfeccionado para la obra? ¿Estás siendo equipado o entretenido?

Reflexión: ¿Estás sirviendo desde tu don o desde tu conveniencia? ¿Qué ajustes necesitas hacer para servir con excelencia?

Dinámica: Escribe un párrafo titulado "Mi aporte al cuerpo" y compártelo en la próxima clase. Sé claro, sé honesto, sé profético.

Jesús lavando pies – Servicio que revela el Reino

En la última cena, Jesús se levantó de la mesa, se ciñó una toalla y comenzó a lavar los pies de sus discípulos. Era el Maestro, el Mesías, el Hijo de Dios. Pero en ese momento, se convirtió en siervo.

Pedro se resistió, pero Jesús le dijo: "Si no te lavo, no tendrás parte conmigo." Porque en el Reino, el servicio no es un acto menor, es una puerta de comunión. Jesús concluyó: "Ejemplo os he dado, para que como yo os he hecho, vosotros también hagáis."

Hoy, Dios te llama a tomar la toalla. No para humillarte, sino para activar tu verdadera posición. Porque el que sirve, gobierna. Y el que se humilla, será exaltado.

DÍA 6 – "FAMILIA QUE REFLEJA AL PADRE"

"La iglesia no es una empresa, es una mesa. Aquí no competimos. No buscamos posición, buscamos propósito."

Hechos 2:42 Subráyalo en tu Biblia. ¿Qué significa perseverar en comunión? ¿Estás sentado en la mesa o solo observando desde lejos?

Reflexión: ¿Cómo puedes demostrar amor familiar a alguien nuevo en la congregación esta semana? ¿Qué gesto concreto, sencillo y espiritual puedes hacer para extender la mesa del Reino??

Dinámica:

PASO 1 — Contacto familiar
1. De la lista de visitas o busca dos personas, pueden ser amigos que no asisten a ninguna iglesia (habla con tu equipo para no repetir contactos).
2. Llama o envía un audio diciendo: "Te llamo para orar por ti. ¿Qué petición tienes hoy?"
3. Ora con ellos y comparte un verso breve.

PASO 2 — Activación profética
Después de esa llamada, graba un audio de 20–30 segundos para ti mismo/a declarando: "Hoy renuncio a la pasividad. Hoy me siento a la mesa. Cargo visión, cargo propósito y cargo fuego. Soy iglesia dentro y fuera de estas paredes. Yo avanzo. Yo ardo."

Escúchalo por dos días.

PASO 3 — Impartición
Al tercer día, envía un audio a alguien diciéndole; Quiero soltar una palabra de activación sobre tu vida, pero cambiando el "yo" por el "tú", para impartir activación:

Ejemplo: "Tú renuncias a la pasividad.
Tú cargas la visión.
Tú avanzas.
Tú ardes."

La casa de Filemón – Iglesia que se vive en familia

Filemón no era apóstol ni profeta, pero su casa era iglesia. Pablo le escribió: "A la iglesia que está en tu casa." Allí se reunían, oraban, compartían el pan. Era una familia espiritual. No tenían templo, tenían comunión. No tenían estructura, tenían esencia.

Filemón recibió a Onésimo, un esclavo que había huido, y lo restauró como hermano. Porque en la casa, no hay etiquetas, hay redención.

Hoy, tu casa puede ser altar. Tu mesa puede ser plataforma. Tu abrazo puede ser impartición. Porque la iglesia no se visita, se vive. Y donde hay familia, hay gloria.

3

LIDERAZGO OFERTANTE, DEMANDANTE Y LIDER MOTOR

*"El verdadero liderazgo no exige ser servido:
se ofrece para servir."*

OBJETIVO

Formar líderes y lideresas con el carácter de Cristo: que den más de lo que piden, inspiren más de lo que exigen y sirvan con humildad, excelencia y amor.

VERSÍCULOS BASE

Mateo 20:26–28 "Mas entre vosotros no será así; sino que el que quiera hacerse _____ entre vosotros será vuestro _____; y el que quiera ser el _____ entre vosotros será vuestro _____; como el Hijo del Hombre no vino para ser servido, sino para _____, y para dar su vida en _____ por muchos."

"El que quiera ser grande entre ustedes, será su servidor."

Filipenses 2:5–8 — "Haya, pues, en vosotros este _____, que hubo también en _____ _____, el cual, siendo en forma de Dios, no estimó el ser igual a Dios como cosa a que aferrarse, sino que se _____ a sí mismo, tomando forma de _____, hecho semejante a los hombres; y estando en la condición de hombre, se _____ a sí mismo, haciéndose _____ hasta la muerte, y muerte de _____."

"Haya en ustedes el mismo sentir que hubo en Cristo Jesús."

Juan 13:12–17 — Así que, después que les hubo _____ los pies, tomó su manto, volvió a la mesa, y les dijo: ¿Sabéis lo que os he hecho? Vosotros me llamáis _____ y _____; y decís bien, porque lo soy. Pues si yo, el _____ y el _____, he lavado vuestros pies, vosotros también debéis _____ los unos a los otros. Porque _____ os he dado, para que como yo os he hecho, vosotros también _____. Si sabéis estas cosas, _____ seréis si las hiciereis."

> **"Si Yo, el Señor y Maestro, les he lavado los pies, también ustedes deben lavarse los pies unos a otros."**

ENSEÑANZA PROFÉTICA

"El liderazgo no se trata de posición, se trata de disposición."

En el Reino, el liderazgo no se gana con títulos, sino con toallas. Jesús nos enseñó que el trono del Reino se alcanza primero con una toalla en las manos y rodillas dobladas.

El liderazgo demandante busca ser visto; el liderazgo ofertante busca hacer visible a Cristo.

- Uno exige privilegios; el otro ofrece sacrificios.
- Uno compite; el otro complementa.
- Uno quiere reconocimiento; el otro desea resultados eternos.
- "El liderazgo del Reino no te infla, te forma."
- Los líderes y lideresas que cambian atmósferas no son los que gritan órdenes, sino los que modelan obediencia.

El liderazgo ofertante es un llamado a morir cada día al yo, al orgullo, y a la necesidad de aprobación.

COMPARATIVO ESPIRITUAL

	Líder/a Demandante	Líder/a Ofertante
Motivo	Busca ser servido/a	Busca servir
Enfoque	"Qué me dan"	"Qué puedo dar"
Reacción	Se ofende fácilmente	Aprende y crece
Lenguaje	Ordena	Inspira
Meta	Ser reconocido/a	Dejar legado
Fuente	Orgullo	Amor
Resultado	Cansancio, división	Multiplicación, unidad

PRINCIPIOS DEL LIDERAZGO OFERTANTE

1. **El servicio es la mayor autoridad del Reino.**
   No hay poder espiritual sin humildad práctica.
2. **Servir no te hace menos, te hace más parecido a Cristo.**
   Él reinó lavando pies, no buscando tronos.
3. **El liderazgo ofertante no se impone, se contagia.**
   Tu ejemplo predica más fuerte que tus palabras.
4. **El líder o lideresa del Reino no exige derechos, asume responsabilidades.**
5. **Donde hay servicio genuino, hay respaldo divino.**
6. **El liderazgo ofertante convierte tareas en actos de adoración.**

CONFRONTACIÓN DEL ESPÍRITU

- Si tu liderazgo te ha vuelto insensible, perdiste la esencia del Reino.
- Si tus palabras pesan más que tus acciones, necesitas volver al altar.
- Si buscas ser servido más que servir, has olvidado de quién aprendiste.
- El Espíritu Santo no unge posiciones, unge corazones dispuestos.

El mayor enemigo del liderazgo no es el diablo:
es el orgullo.

CUESTIONARIO DE REFLEXIÓN

1. ¿Qué diferencia principal notas entre servir y liderar en el Reino?

2. ¿Cuándo fue la última vez que serviste fuera de tu rol habitual?

3. ¿Qué te revela Filipenses 2:5-8 sobre el carácter de Jesús?

4. ¿Qué área de tu corazón necesita más humildad?

5. ¿Qué impacto crees que tendría una iglesia llena de líderes/as ofertantes?

6. ¿Cómo puedes modelar ese tipo de liderazgo en tu equipo?

7. ¿Qué significa para ti "tener una toalla en la mano y fuego en el corazón"?

El **Liderazgo Ofertante** es la evidencia que se revela en tu vida diaria. Un líder auténtico se mide no por cuántos le siguen, sino por quién es cuando nadie le mira.

La enseñanza es simple: El trono del Reino se alcanza primero con una toalla en las manos. La lucha interna de cada líder se libra entre el orgullo (demandante) y la humildad (ofertante).

Si Actúas como...	Estás Motivando...	Tu Enfoque es...
Demandante (El Ego)	Exigir privilegios	Ser visto/a (Liderazgo de Posición)
Ofertante (El Carácter)	Ofrecer sacrificios	Hacer visible a Cristo (Liderazgo de Disposición)

El Espíritu Santo no unge posiciones, unge corazones dispuestos. Si tu liderazgo te ha vuelto insensible, necesitas volver a tomar la toalla y morir al yo. El mayor enemigo no es el diablo: es el orgullo. Tu verdadero legado no se escribe con las órdenes que diste, sino con el servicio que ofreciste. El liderazgo ofertante es un llamado a complementar, no a competir.

Para sellar tu compromiso, pregúntate constantemente:
1. ¿Dónde está mi toalla hoy? ¿Cuándo fue la última vez que serví fuera de mi rol habitual?
2. ¿Qué estoy modelando? ¿Mi vida está gritando órdenes o inspirando obediencia?

EL LÍDER MOTOR

No todo el que dirige, impulsa. Hay líderes que cargan peso, pero no avanzan; sostienen estructuras, pero no provocan movimiento. Otros, en cambio, son motores del Reino: cuando llegan, las cosas se activan; cuando hablan, la fe se enciende; cuando sirven, el ambiente cambia.

Un líder motor no necesita que lo arrastren, porque lleva dentro el impulso del Espíritu. No depende de la motivación externa ni de los aplausos de los hombres; él provoca movimiento donde antes había inercia. No se alimenta del reconocimiento, sino de la convicción. No se apoya en la emoción, sino en la misión.

Rasgos del líder motor
- **No da órdenes, da ejemplo.** Su autoridad no viene de su cargo, sino de su coherencia. Habla poco, pero su obediencia habla más fuerte.
- **No controla, inspira energía.** Donde otros imponen, él enciende. Donde otros mandan, él contagia fe.
- **No se apaga ante la falta de apoyo.** Cuando otros se detienen, él sigue moviéndose porque su fuego no depende del entorno. Como David en Siclag, sabe fortalecerse en el Señor aun cuando todos lloran.
- **No depende del aplauso, se mueve por propósito.** No necesita ser visto para saber que está haciendo la voluntad de Dios. Su recompensa no está en la tierra, sino en el fruto eterno.

- **No solo cumple tareas, genera avance.** Su presencia empuja al equipo, levanta la atmósfera y multiplica el entusiasmo.

LA HUELLA DE UN LÍDER MOTOR

Donde hay un líder motor, **las excusas mueren y la visión corre**.
Su presencia cambia ambientes: donde otros ven cansancio, él ve oportunidad; donde otros ven imposibilidad, él ve campo fértil para el milagro.

Es el tipo de líder que enciende a otros sin agotarse, porque su fuerza no viene del alma, sino del Espíritu.

"Porque es Dios quien produce en ustedes tanto el querer como el hacer, por su buena voluntad." (Filipenses 2:13)

El líder motor no es impulsado por temperamento, sino por convicción. Su combustible no es la emoción, es la pasión por Cristo. Su avance no depende de circunstancias, sino de la dirección del Espíritu.

Cuando un líder del Reino se convierte en motor, todo lo que está a su alrededor comienza a moverse: ministerios dormidos se activan, corazones fríos se encienden, visiones estancadas cobran vida.

Principio espiritual

"El líder motor no empuja personas, despierta propósito."

Su influencia no se basa en presión, sino en inspiración. No manipula, moviliza. No busca seguidores, despierta colaboradores, no espera que otros le den el impulso: él mismo se vuelve el impulso del Reino. no espera orden, detecta necesidad. No compite con la cabeza, la complementa.

Es el corazón que bombea energía al cuerpo cuando parece agotado.

COMPARATIVO ESPIRITUAL DEL LIDERAZGO DEL REINO CON EL LIDER MOTOR

Aspecto	Líder Demandante	Líder Ofertante	Líder Motor
Motivación interna	Busca ser servido, reconocido y afirmado.	Busca servir, agradar a Dios y edificar.	Busca avanzar la visión y activar a otros.
Actitud	Exige, se queja y compara.	Da, honra y se dispone.	Inspira, impulsa y persevera.
Lenguaje	"¿Por qué no me ayudan?"	"¿Cómo puedo ayudar?"	"Vamos, podemos hacerlo."
Reacción ante la dificultad	Se ofende, se frena o culpa a otros.	Aprende, se humilla y corrige.	Se fortalece, se adapta y sigue avanzando.
Relación con la autoridad	Compite o se resiste.	Honra y se somete con amor.	Complementa, sostiene y empuja la visión.
Relación con el equipo	Divide y desgasta.	Une y restaura.	Motiva y activa.
Resultado espiritual	Cansancio, división y estancamiento.	Unidad, servicio y madurez.	Movimiento, multiplicación y expansión.
Símbolo espiritual	El trono: busca posición.	La toalla: sirve con humildad.	El motor: impulsa con propósito.
Frase que lo define	"¿Qué harán por mí?"	"¿Qué puedo ofrecer?"	"¿Qué más podemos lograr?"
Fuente de energía	Ego y necesidad de aprobación.	Amor y obediencia.	Convicción y fuego del Espíritu.
Peligro si se desequilibra	Se vuelve controlador y carnal.	Puede caer en pasividad o conformismo.	Puede correr sin dirección ni descanso.
Impacto en la iglesia	Ralentiza el avance y apaga la fe.	Mantiene la esencia y la pureza del Reino.	Provoca crecimiento, acción y transformación.

Recuerda esto: un "líder motor" en prácticamente un "buen segundo"

Un buen segundo es aquel que no busca protagonismo, pero sin él nada se mueve con la misma fuerza. Es el que sostiene la visión de otro, empuja cuando el líder se cansa, mantiene la llama encendida cuando otros se distraen. No vive frustrado por no ser el primero; entiende que su llamado no es brillar, sino empujar el Reino.

Un líder motor muchas veces no está en la primera línea, pero su presencia genera avance, dirección y ánimo. Puede ser el número dos, o incluso el número diez, pero su espíritu activa a todos los que están a su alrededor.

- El líder demandante opera desde el ego. Busca atención, no propósito.
- El líder ofertante opera desde el altar. Sirve con amor, sin esperar reconocimiento.
- El líder motor opera desde el Espíritu. Avanza con fe, aun cuando no hay aplausos.

DECLARACIÓN FINAL

"Decido liderar con el corazón de Cristo.
No buscaré ser servido, sino servir.
No exigiré, ofreceré. No competiré, inspiraré.
Mis manos estarán siempre listas para trabajar,
mis palabras para edificar, y mi corazón para amar.
Soy un/a líder/a ofertante, portador/a del ADN de mi iglesia."

SEMANA 3
LIDERAZGO OFERTANTE VS. DEMANDANTE
NO TE CANSES, SIGUE...

DÍA 1 – "LA TOALLA DEL REINO"

"El liderazgo no se gana con títulos, sino con toallas. El que sirve, gobierna."

Juan 13:14–15 ... " **Subráyalo en tu Biblia.**

Reflexión: ¿Has servido fuera de tu rol habitual? ¿Qué área de tu corazón necesita ser lavada por el Espíritu?

Dinámica para LÍDER OFERTANTE

1. **Selecciona un área de la iglesia donde normalmente no sirves.** Puede ser: ujieres, limpieza, multimedia, niños, estacionamiento, oración, etc.
2. **Sirve una vez en esa área sin avisar que es una dinámica.** No lo hagas para ser visto. Hazlo para cambiar atmósferas.
3. Al terminar, responde en tu cuaderno:
    - ¿Qué sentí al servir donde nadie me esperaba?
    - ¿Qué me reveló el Espíritu?
    - ¿Qué orgullo murió en mí hoy?

Jesús lavando pies – El trono con toalla

Era la última noche antes de la cruz. Jesús, no se aferró a su autoridad, sino que la usó para servir. En medio de la cena, se levantó. No para enseñar, sino para modelar. Se quitó el manto, tomó una toalla, se ciñó la cintura y llenó una vasija con agua. Uno a uno, comenzó a lavar los pies de sus discípulos.

Pies sucios, pies cansados, pies que lo habían seguido... pero también pies que pronto lo abandonarían. Pies de traidores, de negadores, de dormidos. Y sin embargo, Él los lavó. Pedro se resistió. "Jamás me lavarás los pies", dijo. Pero Jesús respondió: "Si no te lavo, no tendrás parte conmigo." No era solo agua. Era impartición, y confrontación. El Maestro, se arrodilló y al terminar, dijo: "Ejemplo les he dado." Hoy, Él te llama a hacer lo mismo. No para repetir un gesto, sino para encarnar una identidad. En el Reino, el liderazgo no se grita, se modela. No se exige, se ofrece. No se impone, se contagia. Toma la toalla. No como símbolo, sino como estilo de vida.

DÍA 2 – "EL ESPEJO DE MI LIDERAZGO"

"El liderazgo del Reino no exige, inspira. No busca ser servido, se ofrece para servir."

Filipenses 2:5–7 Subráyalo en tu Biblia.

Reflexión: ¿Tu liderazgo está más enfocado en lo que esperas de otros o en lo que tú puedes dar?

Dinámica para activar al LÍDER MOTOR

1. **Detecta una necesidad real en tu iglesia.**
   - Algo que falta / – Algo que está estancado
   - Algo que nadie está haciendo /
   - Algo que siempre "alguien más debe hacer"
2. **Toma acción inmediata sin pedir permiso motivacional.**
   No esperes que te llamen. /
   No esperes que te digan "hazlo". Tú eres el motor.
3. **Comparte un mensaje corto con tu líder o mentor:**
   "Identifiqué esta necesidad y ya la activé. Estoy empujando la visión."

Pablo – El líder que se despojó

Pablo tenía todo para ser reconocido: formación rabínica, ciudadanía romana, influencia religiosa. Era fariseo de fariseos, celoso por la ley, respetado por su generación. Pero cuando tuvo un encuentro con Cristo en el camino a Damasco, todo cambió.

La luz lo derribó. La voz lo confrontó. La gracia lo redireccionó. Desde ese día, Pablo no buscó títulos, buscó transformación. Dijo: "Todo lo que era ganancia, lo considero pérdida por amor a Cristo." No predicó para ser visto, sino para que Cristo fuera revelado. No exigió privilegios, ofreció su vida. Fue apedreado, encarcelado, traicionado, pero nunca dejó de servir. Fundó iglesias, escribió cartas, levantó discípulos... y todo desde una postura de siervo. Su liderazgo no se basó en posición, sino en disposición. Hoy, el Espíritu te invita a mirar tu espejo. ¿Qué estás reflejando? ¿Tu imagen o la de Cristo? Porque el liderazgo del Reino no se trata de lo que esperas recibir, sino de lo que estás dispuesto a entregar.

DÍA 3 – "EL EJEMPLO QUE QUIERO DEJAR"

*"El liderazgo ofertante no se impone, se contagia.
Tu ejemplo predica más fuerte que tus palabras."*

Mateo 20:26–28 "Subráyalo en tu Biblia.

Reflexión: ¿A quién admiras por su liderazgo ofertante? ¿Qué cualidades puedes imitar?

Dinámica: Escribe:
1. ¿Qué cualidades te inspiran?
2. ¿Cómo podrías imitarlas esta semana?
3. ¿Qué decisión concreta tomarás para modelar ese ejemplo?

Esteban – El siervo que impactó con su ejemplo

Esteban no era apóstol, ni profeta, ni pastor. Era un servidor de mesas. Pero estaba lleno del Espíritu Santo, de sabiduría y de gracia. Su servicio era tan profundo que su vida se convirtió en predicación viva.

Cuando fue acusado injustamente, no se defendió con gritos, sino con gloria. Su rostro resplandecía. Y mientras lo apedreaban, levantó los ojos y vio el cielo abierto, y a Jesús de pie, recibiéndolo. Su última oración no fue de juicio, sino de perdón: "Señor, no les tomes en cuenta este pecado." Ese acto silencioso impactó a un joven llamado Saulo, que presenció su muerte. Años después, ese joven se convertiría en Pablo, el apóstol de los gentiles.

Esteban no dejó títulos, dejó huella. Su ejemplo no fue ruidoso, fue eterno. Hoy, tu servicio puede encender a alguien que aún no ha despertado. Tu humildad puede ser la semilla de una generación. ¿Qué ejemplo estás dejando? ¿Qué atmósfera estás modelando?

DÍA 4 – "SERVIR ES REINAR"

"El servicio es la mayor autoridad del Reino. Donde hay servicio genuino, hay respaldo divino."

Juan 13:17 Subráyalo en tu Biblia.

Reflexión: ¿Tu servicio está siendo una expresión de adoración o una rutina?
Dinámica: (Líder **DEMANDANTE** — Confrontación)
Instrucciones:
Divide una hoja en dos columnas:
- **Columna A:** Lo que espero que otros hagan por mí.
  Columna B: Lo que YO puedo hacer por otros sin esperar nada a cambio.
- **Luego ora:** "Señor, cambia mi enfoque. Enséñame a dar más de lo que exijo."
- **Escribe una decisión práctica:** ¿Qué haré hoy mismo para liderar desde el servicio, no desde la demanda?

Historia bíblica: Rut – La sierva que heredó propósito

Rut no tenía posición, ni respaldo, ni linaje israelita. Era moabita, viuda, extranjera. Pero tenía algo que el cielo honra: disposición. Cuando su suegra Noemí le dijo que regresara a su tierra, Rut respondió con una frase que estremeció generaciones: "Tu pueblo será mi pueblo, tu Dios será mi Dios."

No buscó comodidad, buscó propósito. Se humilló, trabajó en campos, recogió espigas detrás de los segadores. No pidió reconocimiento, ofreció fidelidad. Y en ese servicio silencioso, Dios la conectó con Booz, un redentor. Rut pasó de recoger migajas a ser parte de la genealogía de Jesús.

Su servicio fue su autoridad. Su humildad fue su corona. Hoy, tu fidelidad en lo pequeño puede abrir puertas eternas. Porque en el Reino, servir no te hace menos, te hace más parecido a Cristo.

DÍA 5 – "EL LEGADO QUE CONSTRUYO"

"El liderazgo del Reino no te infla, te forma. Tu legado no se mide por tus palabras, sino por tu servicio."

2 Corintios 4:5 Subráyalo **en tu Biblia.**
Reflexión: Si hoy terminara tu temporada de liderazgo, ¿qué huella dejarías?
Dinámica: Escribe un párrafo titulado: "El legado que quiero dejar." Sé honesto, profético e intencional.

1. En tu cuaderno escribe un párrafo titulado: **"El legado que quiero dejar."**
2. Incluye tres cosas:
   a) La huella espiritual que quiero dejar en esta casa.
   b) El ejemplo que quiero que otros imiten de mí.
   c) Un acto concreto de servicio que haré esta semana para empezar ese legado.
3. Termina con una oración de entrega:
   "Señor, que mi vida hable más fuerte que mis palabras."

Dorcas – La mujer que dejó legado con hilo y aguja

Dorcas no predicaba en plazas, ni lideraba multitudes. Pero su servicio era tan profundo que cuando murió, la iglesia se estremeció. Ella cosía túnicas para las viudas, ayudaba a los necesitados, y su amor se tejía en cada prenda. Cuando falleció, los discípulos llamaron a Pedro. Y al llegar, lo rodearon con las túnicas que ella había hecho, llorando por su partida.

Pedro oró, y Dios la resucitó. No por su fama, sino por su legado. Dorcas no dejó sermones, dejó costuras con propósito. Su servicio silencioso fue tan poderoso que el cielo la devolvió a la tierra.

Hoy, lo que haces en lo oculto puede ser lo que Dios use para levantar generaciones. Tu legado no se mide por tus palabras, sino por tu servicio. ¿Qué estás construyendo? ¿Qué quedará cuando tú ya no estés?

Día 6 – "La confrontación del Espíritu"

"El Espíritu Santo no unge posiciones, unge corazones dispuestos. El mayor enemigo del liderazgo no es el diablo: es el orgullo."

Proverbios 16:18 Subráyalo en tu Biblia.

Reflexión: ¿Tu liderazgo está siendo sensible al Espíritu o endurecido por la rutina?
Dinámica: Haz un tiempo de oración personal. Escribe una oración de rendición, reconociendo lo que el Espíritu te ha confrontado esta semana.

Escribe —sin suavizarlo, sin justificarte— tres áreas donde el orgullo te ha afectado:
- En tu liderazgo
- En tu carácter
- En tu servicio

Luego escribe una oración titulada:

"Hoy mato al Saúl que vive en mí."
Debe incluir:
- Lo que estás entregando
- Lo que ya no vas a proteger
- Lo que decides obedecer
- Lo que el Espíritu te pidió rendir

Termina diciendo: "Señor, desde hoy vivo rendido. El trono es tuyo, el orgullo muere."

Historia bíblica: Saúl – El líder que perdió por orgullo

Saúl fue elegido por Dios, ungido por el profeta, respaldado por el pueblo. Tenía todo para ser un líder del Reino. Pero su corazón se desvió. Desobedeció instrucciones claras, justificó sus errores, y cuando fue confrontado por Samuel, no se quebrantó… se defendió.

Dijo: "He pecado… pero honra mi nombre delante del pueblo." Su preocupación no era el arrepentimiento, era la reputación. Y Dios lo desechó. El Espíritu se apartó. La unción se fue. La presencia lo abandonó.

Saúl terminó consultando brujas, cayendo en desesperación, y muriendo sin gloria. Todo por no rendir su orgullo. Hoy, el Espíritu te llama a rendir lo que aún estás protegiendo. Porque el liderazgo verdadero nace en el altar, no en la plataforma. El mayor enemigo no es el diablo: es el yo que no quiere morir.

4

LEALTAD Y COMPROMISO
"La lealtad no se predica... se demuestra."

OBJETIVO
Formar líderes y lideresas fieles, confiables y comprometidos con Dios, con la visión de mi iglesia y con su equipo, entendiendo que la lealtad es el cimiento de todo liderazgo duradero.

VERSÍCULOS BASE
- **2 Samuel 23:13-17** – Los valientes de David arriesgaron su vida por su líder.
- **Lucas 16:10-12** – "Si en lo ajeno no fuisteis fieles, ¿quién os dará lo vuestro?"
- **Proverbios 17:17** – "En todo tiempo ama el amigo, y es como un hermano en tiempo de angustia."
- **Juan 15:13** – "Nadie tiene mayor amor que este: que uno ponga su vida por sus amigos."

ENSEÑANZA PROFÉTICA
"Dios no promueve talentos: promueve lealtades."
En un mundo de conveniencia, la lealtad es una joya rara; pero en el Reino, es el lenguaje de los hijos/as verdaderos/as.

La lealtad no se demuestra con palabras dulces, sino con constancia en las tormentas.
No se mide en los aplausos, sino en las pruebas.
Los líderes/as no sirven por emoción, sirven por convicción.

1. La lealtad como reflejo del corazón de Cristo

Jesús fue leal hasta la cruz. No negoció su misión ni abandonó su propósito. La lealtad es el sello del carácter maduro.

Cada vez que decides permanecer cuando otros se van, estás pareciéndote a Cristo.

> *"El corazón leal permanece, aun cuando el entorno cambia."*

2. Compromiso: la acción visible de la lealtad

El compromiso no es prometer, es cumplir.
Muchos comienzan con fuego; pocos terminan con fidelidad.
El compromiso se ve en la puntualidad, en la responsabilidad, en la excelencia del servicio.

Un/a líder/a comprometido/a no necesita ser vigilado/a; su palabra vale.

> *"La excelencia es la manifestación práctica del compromiso."*

3. Lealtad vertical y horizontal

- **Vertical:** hacia Dios y las autoridades espirituales.
- **Horizontal:** hacia los compañeros/as de ministerio.
  La lealtad vertical protege la visión; la horizontal protege la unidad.
  Si una de las dos se quiebra, el cuerpo pierde fuerza.

PRINCIPIOS DEL LÍDER/A LEAL

1. La lealtad es una decisión diaria, no un sentimiento momentáneo.
2. El compromiso es la prueba visible de la lealtad invisible.
3. Un corazón dividido no puede construir un Reino unido.
4. La deslealtad no empieza con traición, empieza con murmuración.
5. Los leales/as cargan la visión; los desleales/as cargan quejas.
6. La lealtad protege el legado y asegura la multiplicación.

CONFRONTACIÓN DEL ESPÍRITU
- ¿Estás comprometido/a con la visión o solo con tus conveniencias?
- ¿Eres leal/a cuando te corrigen tanto como cuando te celebran?
- ¿Sirves igual cuando nadie te ve?
- Recuerda: *"La fidelidad en lo pequeño precede la autoridad en lo grande."*

El Reino no se sostiene con talento:
se edifica con fidelidad.

CUESTIONARIO DE REFLEXIÓN

1. ¿Cómo definirías la lealtad en una frase práctica?
2. ¿Qué te ha costado mantenerte fiel en esta temporada?
3. ¿Cómo reaccionas cuando no te reconocen?
4. ¿Qué acciones visibles demuestran tu compromiso?
5. ¿Qué área de tu servicio necesita más excelencia?
6. ¿Qué recompensas trae Dios a los fieles según Mateo 25:21?

LA LEALTAD, LA MONEDA DEL REINO

La lealtad no es un rasgo opcional en el ADN del liderazgo; es la prueba de madurez que te distingue del talento superficial.

El Valor Innegociable

El mundo promueve a los talentosos. El Reino promueve a los leales. Recuerda siempre: Dios no promueve talentos, promueve lealtades.

La lealtad es la brújula interna que te ancla a la visión, incluso cuando el proceso se vuelve incómodo o cuando la obediencia te exige el sacrificio de tus agendas personales. Es fácil ser leal en la plataforma; el desafío es serlo en el **altar** y bajo la **corrección**.

- **Si el Talento es el motor, la Lealtad es el combustible.** Sin ella, el motor se apaga y el líder se desvía.
- **Si la Lealtad no te cuesta nada, no es Lealtad; es conveniencia.**

El Legado del Sostén

La lealtad se demuestra en dos áreas clave:

1. **Lealtad a la Visión:** Tu compromiso inquebrantable de sostener el propósito de tu casa espiritual, declarando: "Mi vida está alineada con el Reino."
2. **Lealtad a la Cobertura:** La honra práctica a la autoridad que Dios ha puesto sobre ti. Es aquí donde tu **carácter** demuestra ser más grande que tu **ego**.

Tu función, por pequeña que parezca, **sostiene vida en otro miembro del cuerpo**. Un líder que es leal crea un ambiente de **confianza y unidad** que permite que el fuego de Dios permanezca.

¡Permanece! La promoción no viene de la gente que te ve, sino del Dios que te prueba en lo secreto.

Proverbios 22:6 nos dice: "Instruye al niño en su camino, y aun cuando fuere viejo no se apartará de él." Esto no es solo una promesa, es una estrategia del Reino. Dios nos está diciendo: si formas desde la raíz, cosecharás fruto eterno.

Principios que debes abrazar

- La honra comienza en casa. Padres que instruyen, hijos que heredan diseño.
- La enseñanza no es solo información, es impartición espiritual.
- La iglesia no es un orfanato espiritual. No basta con tener techo, comida y actividades. Necesitamos padres espirituales que impartan diseño, propósito y herencia.

- El pastor no es una elección humana. Es una asignación divina. A tu pastor no lo elegiste tú, lo eligió Dios para impartirte lo que el cielo preparó para ti.

La mujer encorvada en Lucas 13 representa una iglesia sin columna, sin estructura, sin diseño. Jesús no solo la sanó, tocó su columna. ¿Por qué? Porque sin columna, no hay cabeza. Y sin honra, no hay impartición.

Las vértebras del cuerpo humano son 33 al nacer. ¿Coincidencia? No. Representan diseño completo.
- 5 vértebras: los cinco ministerios (Efesios 4:11).
- 12 vértebras: gobierno apostólico.
- 7 cervicales: plenitud del Espíritu (Isaías 11:2).

Cuando Jesús dice en Mateo 8:20 que no tiene dónde recostar su cabeza, está diciendo: no hay cuerpo listo para recibir gobierno. ¿Por qué? Porque falta honra, falta estructura, falta impartición.

Diseño del Reino
- **Orden**: Cada miembro en su lugar, cada don en función.
- **Diseño**: La estructura del Reino se transmite de padre a hijo.
- **Propósito**: La iglesia existe para reflejar a Cristo, no para reproducir modelos humanos.

Impartición y herencia
Saúl fue ungido con redoma (religión). David con cuerno (gobierno). El cuerno representa autoridad delegada. El aceite representa impartición. Un padre espiritual no solo guía, reproduce. La honra activa la herencia: "Si eres hijo, eres heredero" (Romanos 8:17).

EL ESPÍRITU DE ORFANDAD: LA DESCONECCIÓN INVISIBLE
"No os dejaré huérfanos; vendré a vosotros." (Juan 14:18)
El espíritu de orfandad no siempre se manifiesta con rebeldía abierta, sino con independencia silenciosa. Se disfraza de "búsqueda personal de Dios", pero en

realidad es una desconexión invisible del diseño del Reino: la paternidad, la cobertura y la honra. Un líder o creyente puede estar activo en la iglesia, pero si no reconoce autoridad espiritual, vive sin raíz. Puede tener ministerio, pero no herencia. Puede servir, pero no producir fruto duradero. La orfandad espiritual no es ausencia de congregación; es ausencia de sujeción. No es falta de reuniones; es falta de relación. Y donde no hay relación, no hay impartición.

"El espíritu de orfandad no se mide por asistencia, sino por alineamiento."

SÍNTOMAS DEL ESPÍRITU DE ORFANDAD

1. Visitas a otros ministerios sin comunicarlo
Dicen: "No es pecado ir, es otra iglesia de Dios." Pero olvidan que el orden del Reino no se mide por intención, sino por alineamiento. Visitar otros altares sin dirección espiritual abre puertas de confusión y contaminación. La honra no se demuestra con palabras, sino con rendición de cuentas.

2. Relaciones emocionales, no espirituales
Los huérfanos espirituales se mueven por sentimientos. Donde los aplauden, se quedan; donde los corrigen, se van. No buscan transformación, buscan aceptación.

3. Crítica hacia su casa o autoridad. Algunos se van por la puerta trasera, justificando su salida con frases como: "Dios me movió", "ya cumplí mi ciclo" o "no me entendieron." Pero el que se va criticando revela que nunca se fue enviado, sino herido. El que abandona hablando mal de su casa, demuestra que nunca fue hijo, solo asistente. Nunca dice lo que él hizo, siempre dice lo que le hicieron, busca un culpable de sus acciones.

4. Desconexión sin aviso ni honra. Desaparecen sin agradecer, sin cerrar ciclos, sin pedir bendición. Pero los ciclos del Reino se cierran con honra, no con silencio. Cuando alguien se va sin ser enviado, se va sin respaldo. Y donde no hay cobertura, no hay protección espiritual.

EL PELIGRO DE ACEPTAR VOCES AJENAS

1. La confusión nace cuando se escucha la voz equivocada: El espíritu de orfandad se alimenta de la confusión. Comienza cuando un creyente o líder empieza a escuchar más a quienes se fueron mal que a quienes permanecen caminando en visión. Esas voces no hablan desde el Espíritu, sino desde heridas no sanadas, percepciones distorsionadas o procesos inconclusos.
"El que no entra por la puerta en el redil de las ovejas, sino que sube por otra parte, es ladrón y salteador." (Juan 10:1)

2. No se trata de tener enemigos, sino de saber qué escuchar. No se trata de cortar relaciones humanas, sino de aprender a guardar el corazón. Hay amistades que pueden seguir siendo afectivas, pero ya no comparten la misma visión, la misma cobertura ni la misma formación espiritual. Cuando ya no hay propósito en común, tarde o temprano la conversación girará hacia la iglesia, la autoridad o experiencias pasadas; y una palabra mal administrada puede sembrar confusión en un corazón que aún está en proceso.

3. La diferencia entre casa y altar. Una cosa es compartir una mesa en una casa; otra muy distinta es abrir el espíritu en un altar que ya no camina bajo el mismo diseño. La casa es social; el templo es espiritual. En la casa se comparte amistad; en el templo se forman alianzas. Y todo altar tiene un ambiente y una impartición, para bien o para mal.

4. No toda amistad es conexión; no toda voz viene del cielo. La visión se cuida protegiendo el oído. Quien presta oído a los desconectados termina desconectándose. Quien honra la voz de su casa se fortalece y permanece en diseño.

5. La honra determina la madurez. "El hijo maduro no abandona; se despide con honra." Salir correctamente es más importante que entrar. El que fue plantado por Dios no se arranca por disgusto. La paternidad no se reemplaza; se honra. Y la cobertura no se negocia; se protege.

6. La orfandad rompe comunión y también herencia. El espíritu de orfandad no solo rompe comunión; rompe herencia. Dios no entrega legado a quienes huyen del proceso o rehúyen la corrección. Por eso Jesús prometió: "No os dejaré huérfanos", recordándonos que el Reino no se edifica sobre independientes, sino sobre hijos que saben permanecer bajo dirección espiritual.

7. La lealtad y la honra preservan el diseño espiritual. "La lealtad te mantiene bajo cobertura; la honra te mantiene bajo gracia." Si Dios te plantó en una casa, no te muevas por emoción ni por comentarios. No corras detrás de ministerios, cargos o voces que te halagan pero no te forman. El fruto no crece en el viento; crece en la raíz. Y toda raíz necesita tierra correcta, dirección espiritual y un ambiente de cuidado.

8. El error de "escuchar las dos voces". Escuchar "ambas versiones" suena sabio en lo natural, pero en lo espiritual es peligroso. No toda voz habla desde verdad; muchas hablan desde dolor. Y cuando se mezcla una voz herida con un oído inmaduro, siempre nace confusión.

RAÍCES NUEVAS, DESTINO NUEVO

"Los que están plantados en la casa de Jehová, florecerán en los atrios de nuestro Dios." *(Salmo 92:13).* Si llegaste a esta casa proveniente de otra iglesia (no importando la razón), o aceptaste a Cristo aquí, escucha esta verdad: Dios no te trajo aquí de paso; te trajo con propósito. Esta casa no es un refugio temporal, es una tierra de siembra, formación y envío. Aquí Dios sana tu historia, corrige tu dirección y te da identidad. Pero toda restauración requiere una decisión: H*echar raíces y no mirar atrás.* "No puedes florecer donde no te plantas. No puedes ser enviado donde nunca fuiste formado."

Verdad espiritual

Quien llega a esta casa debe entender que la lealtad no es hacia un hombre, sino hacia el propósito que Dios estableció en este altar. Aquí no hay control, hay cuidado; no hay manipulación, hay paternidad; no hay imposición, hay impartición.

Esta casa no te retiene: te forma, te activa y te envía en el tiempo de Dios. Pero solo heredan los que permanecen. "El que se va con honra, se lleva herencia; el que se va por rebeldía, deja raíces secas."

Principio del Reino
"En el Reino, la movilidad no reemplaza la plantación. El que no echa raíces, no deja fruto."

Cada persona que llega debe tener convicción: aquí comienza un nuevo ciclo. No para probar, sino para crecer. No para mirar, sino para servir. No para vagar, sino para ser establecido. Esta es una casa de formación, paternidad y envío. Aquí se te abraza, se te enseña, se te confronta y se te prepara para que, cuando Dios te envíe, vayas con respaldo, no con resentimiento.

Llamado a la reflexión

- ¿Estoy verdaderamente plantado o solo asistiendo?
- ¿He entregado mi corazón a la visión de esta casa?
- ¿Estoy dispuesto a permanecer, aunque el proceso me confronte?
- ¿Comunico mis pasos o actúo como si no tuviera cobertura?

LA CASA VACÍA (Lucas 11:24-26)

Jesús enseñó que un espíritu inmundo, cuando regresa, busca una "casa" desocupada, barrida y adornada, pero vacía de gobierno espiritual. Esa casa aparentemente ordenada se convierte en terreno vulnerable porque no está llena del Espíritu Santo. Lo que no llenas con el Espíritu de Dios, lo llenará lo contrario del Espíritu de Dios. Por eso quienes viven como huérfanos espirituales se vuelven presa de confusión, desorientación y retrocesos.

Confrontación espiritual
Muchas personas operan con espíritu de orfandad. No tienen cobertura, no tienen diseño, no tienen honra. Y cuando no hay padre espiritual, el enemigo entra con siete espíritus peores (Lucas 11:24-26).

7 Espíritus de Dios (Isaías 11:2) vs. 7 Espíritus Peores (Lucas 11:24-26)

Isaías 11:2 — Lo que el Espíritu Santo produce	Lucas 11 — Lo que los 7 espíritus peores imitan y destruyen
1. Espíritu de Jehová Identidad, gobierno, paternidad, dirección.	**1. Espíritu de orfandad y rebeldía** Independencia, rechazo a la autoridad, vida sin cobertura.
2. Espíritu de sabiduría Decisiones correctas, perspectiva divina, madurez.	**2. Espíritu de necedad** Decisiones torpes, errores repetidos, vida sin propósito.
3. Espíritu de inteligencia/entendimiento Revelación, luz, discernimiento espiritual.	**3. Espíritu de engaño y confusión** Ceguera espiritual, distorsión mental, ilusiones falsas.
4. Espíritu de consejo Dirección, corrección, influencia santa.	**4. Espíritu de desorientación** Mala guía, malas compañías, voces equivocadas.
5. Espíritu de poder Autoridad, fortaleza, dominio propio, valentía.	**5. Espíritu de debilidad y derrota** Adicciones, impotencia espiritual, vida sin fuerza.
6. Espíritu de conocimiento Intimidad con Dios, verdad, crecimiento profundo.	**6. Espíritu de ignorancia espiritual** Apatía, desconocimiento de Dios, superficialidad.
7. Espíritu de temor de Jehová Santidad, reverencia, obediencia, pureza.	**7. Espíritu de irreverencia y libertinaje** Pecado sin freno, falta de respeto por lo sagrado.

CÓMO VENCER EL ESPÍRITU DE ORFANDAD

Honra la voz de tu casa. Mantén comunicación y rendición de cuentas. Permanece plantado y constante. Llena tu vida del Espíritu Santo.

DECLARACIÓN FINAL

"Hoy reconozco que Dios me plantó en esta casa.
No fui movido por hombres, fui traído por el Espíritu.
Decido echar raíces, servir con lealtad y crecer bajo esta cobertura.
No miraré atrás ni buscaré otros altares.
Mi destino está ligado a esta visión y a este propósito.
Seré formado, activado y enviado cuando el cielo lo determine.
Esta es mi casa, este es mi altar, este es mi pacto."

DÍA 1 – "EL PACTO DEL CORAZÓN"

"La lealtad no se predica… se demuestra. Mi pacto no es emocional, es eterno."

2 Samuel 23:16–17 Subráyalo en tu Biblia. Medita en lo que David reconoció: la lealtad no se toma a la ligera.

Reflexión: ¿Tu lealtad está basada en emoción o en convicción? ¿Has renovado tu pacto con Dios, tus pastores y tu equipo?

Dinámica: Escribe esta declaración: "Hoy renuevo mi pacto de lealtad con Dios, con mis pastores/as, con mi equipo y con la visión de esta casa." Fírmala, guárdala en tu Biblia y haz un acto práctico de honra: contacta a tu pastor, mentor o líder y agradécele por su cobertura.

Si en algún momento te ofendiste o te alejaste sin hablar, pide perdón. La lealtad no se demuestra solo quedándose, sino cerrando bien lo que alguna vez se abrió mal.

Los valientes de David – Lealtad que arriesga la vida

David estaba en medio de la batalla, refugiado en una cueva, y expresó un deseo casi susurrado: "¡Quién me diera a beber del agua del pozo de Belén!" Tres de sus valientes lo escucharon. No lo tomaron como capricho, lo tomaron como mandato. Cruzaron el campamento enemigo, arriesgaron su vida, y trajeron el agua.

Pero David no la bebió. La derramó como ofrenda, diciendo: "¿He de beber la sangre de los que arriesgaron su vida?" Porque entendía que la lealtad no se explota, se honra.

Estos hombres no obedecieron por miedo, sino por amor. No sirvieron por posición, sino por pacto. Hoy, Dios busca valientes que respondan a la voz de sus líderes con convicción, no con conveniencia. Tu pacto no se firma con tinta, se sella con fidelidad.

DÍA 2 – "VOCES QUE EDIFICAN"

"Mi lealtad no murmura, edifica. Mis palabras son muros de unidad."

Proverbios 17:17 Subráyalo en tu Biblia. ¿Tus palabras fortalecen o debilitan?

Reflexión: ¿A quién puedes afirmar esta semana? ¿Qué impacto tiene tu voz cuando eliges edificar?

Dinámica: DINÁMICA – "UNA VOZ QUE LEVANTA"

1. Tres personas de tu iglesia. Pueden ser nuevos, servidores, líderes o personas que ves poco. No necesitan ser personas con las que hayas tenido conflicto.
2. Solo quiero decirte que valoro tu vida, agradezco lo que aportas a esta casa que Dios bendiga tu semana con fuerza, paz y dirección de Dios." Envía el mensaje sin explicar que es una dinámica y sin esperar respuesta.
3. Luego escribe en tu cuaderno:
   – ¿Qué sentí al bendecir sin un motivo personal?
   – ¿El Espíritu me mostró algo nuevo sobre la unidad?
   – ¿Mi corazón se abrió más a la familia espiritual?

Luego escribe lo que sentiste: ¿Tu corazón cambió cuando decidiste bendecir?

Jonatán y David – Lealtad que protege el propósito

Jonatán era hijo del rey Saúl. Por derecho, debía heredar el trono. Pero vio en David el diseño de Dios. En lugar de competir, lo protegió. En lugar de murmurar, lo afirmó. Le dijo: "No temas, tú reinarás, y yo estaré contigo." Y selló un pacto de amistad que trascendió generaciones.

Jonatán no fue leal a su sangre, fue leal al propósito. Su voz no fue de celos, fue de afirmación. Cuando Saúl quiso matar a David, Jonatán arriesgó su posición, su herencia y su seguridad para protegerlo. Hoy, tu lealtad se mide por lo que dices cuando nadie te obliga a hablar. Edifica. Protege. Afirma. Porque cuando levantas la voz para edificar, construyes muros invisibles de unidad.

DÍA 3 – "LA EXCELENCIA DEL COMPROMISO"
*"No sirvo por obligación, sirvo por convicción.
Mi compromiso se ve en los detalles."*

Lucas 16:10 *"El que es fiel en lo muy poco, también en lo más es fiel…"* Subráyalo en tu Biblia. ¿Estás cuidando lo pequeño como si fuera grande?

Reflexión: ¿Tu servicio refleja compromiso o rutina? ¿Qué detalles puedes mejorar esta semana?

Dinámica: "EL DETALLE QUE REVELA MI CORAZÓN"
Elige un servicio en el que participarás esta semana. Identifica tres detalles pequeños que normalmente ignoras o das por sentado y enfócate en realizarlos con excelencia extrema. Hazlo sin que nadie te lo pida, sin mencionar que es una dinámica y sin esperar felicitación.

- Puntualidad exacta
- Orden en tu espacio (si tienes)
- Trato amoroso a los demas
- Cuidado del ambiente
- Preparación previa de tu jornada
- Atención a los nuevos
- Oración antes de servir

Al finalizar la jornada, escribe:
- ¿Qué detalle me costó más?
- ¿Qué parte de mi carácter fue confrontada?
- ¿Sentí que serví desde la convicción o desde la costumbre?
- ¿Qué me mostró el Espíritu sobre mi nivel real de compromiso?

Historia bíblica: Daniel – Compromiso que no negocia
Daniel fue llevado a Babilonia, lejos de su tierra, de su cultura, de su altar. Pero no perdió su esencia. Decidió no contaminarse con la comida del rey. Oraba tres veces al día. Servía con excelencia. Y aunque fue lanzado al foso de los leones, Dios lo respaldó. Su compromiso no dependía del entorno, sino del pacto. No necesitaba ser vigilado, su integridad lo guiaba. Cuando otros se adaptaban, él se mantenía firme. Hoy, Dios busca líderes como Daniel: comprometidos en lo secreto, excelentes en lo visible. Porque la fidelidad en lo pequeño precede la autoridad en lo grande.

DÍA 4 – "FIEL HASTA EL FIN"

"No abandono en la tormenta. Mi fidelidad es mi predicación silenciosa."

Mateo 25:21 Subráyalo en tu Biblia.

Reflexión: ¿Qué te ha costado mantenerte fiel en esta temporada? ¿Cómo reaccionas cuando no te reconocen? ¿Tu servicio depende de la visibilidad o de tu convicción?

Dinámica: Escribe F o V, según sea falso o verdadero
1. ____ La fidelidad depende de que me reconozcan.
2. ____ Ser fiel en lo secreto es tan importante como ser fiel en público.
3. ____ Cuando no me toman en cuenta, tengo derecho a abandonar.
4. ____ La fidelidad se demuestra más en la constancia que en la emoción.
5. ____ Ser fiel solo cuando todo va bien no es fidelidad verdadera.
6. ____ Puedo ser fiel a Dios, aunque nadie me vea servir.
7. ____ El cansancio justifica que yo abandone mi llamado.

Ana – Fidelidad que espera sin rendirse

Ana no era profeta ni líder, ni reconocida por su entorno. Era estéril, humillada por Penina, y aparentemente olvidada por Dios. Cada año subía al templo. No para quejarse, sino para adorar. No para exigir, sino para entregar. En una de esas visitas, derramó su alma delante del Señor. Elí pensó que estaba ebria, pero Ana ardía en fe silenciosa.

Dios la escuchó y le dio un hijo: Samuel. Pero no lo retuvo. Lo llevó al templo y lo entregó. Porque su fidelidad no era solo para recibir, era para cumplir. Fue fiel en la espera, en la entrega y en el cumplimiento. Su historia no es solo de maternidad, es de pacto. Hoy el Espíritu te llama a ser como Ana.

- A permanecer cuando otros se rinden. / • A servir cuando nadie te ve.
- A sostener la visión cuando el entorno se sacude.

Porque la fidelidad no es una emoción, es convicción que sostiene el Reino.

DÍA 5 – "LEALTAD HORIZONTAL"

"No compito con mis hermanos, los complemento. Mi lealtad construye unidad."

Rut 1:16–17 — Subráyalo en tu Biblia.

Reflexión: ¿Soy leal solo cuando me conviene, o también cuando me toca perder? ¿Permanezco cuando hay procesos, o solo cuando hay beneficios? ¿Soy parte de la unidad… o del desgaste del equipo?

Dinámica: — "O CUIDO, O DAÑO"
Marca con honestidad lo que sí te ha pasado alguna vez:
[ ] He hablado mal de un compañero de servicio
[ ] He sentido celos del avance de otro
[ ] Me he alegrado del error de alguien
[ ] He comparado ministerios
[ ] He criticado en lugar de cubrir
[ ] He servido con doble intención
[ ] He preferido ver caer antes que apoyar
[ ] He sido indiferente cuando alguien necesitaba respaldo
[ ] He creado bandos, no unidad
[ ] He abandonado emocionalmente a mi equipo

CONFESIÓN PERSONAL: "Señor, hoy reconozco delante de Ti que fallé en:

_____

_____

2. ACTO DE RESTAURACIÓN (Práctico y visible)
Elige una de estas acciones y cumplirla en las próximas 48 horas:

1. Pedir perdón a alguien que dañé con mis palabras.
2. Escribirle un mensaje de honra a un compañero que critiqué.
3. Reintegrarme correctamente a un equipo del que me alejé emocionalmente.

Propósito: Que la lealtad pase del cuaderno a la vida real.

DÍA 6 – "LEALTAD VERTICAL"

"Mi lealtad a Dios y a mis autoridades espirituales es inquebrantable. No me muevo por emociones, sino por diseño."

Números 12:1–10 Miriam y Aarón hablaron contra Moisés a causa de la mujer cusita que había tomado. Y dijeron: "¿Solamente por Moisés ha hablado Jehová? ¿No ha hablado también por nosotros?" Y lo oyó Jehová.

Y de repente Jehová dijo a Moisés, a Aarón y a Miriam: "Salid vosotros tres al tabernáculo de reunión." Y salieron ellos tres. Entonces Jehová descendió en la columna de la nube y se puso a la puerta del tabernáculo, y llamó a Aarón y a Miriam, y salieron ambos.

Y dijo Dios que a Moisés Él le hablaba cara a cara, no por visiones ni por sueños. Y se encendió la ira de Jehová contra ellos. Y al irse la nube del tabernáculo, he aquí que Miriam quedó leprosa como la nieve.

Reflexión: ¿Eres leal cuando te corrigen tanto como cuando te celebran? ¿Tu honra es constante o condicional?

Dinámica: Ora cada día por tus pastores/as y tu equipo de liderazgo. Escribe una oración de honra y léela en voz alta frente a tu altar familiar.

Historia bíblica: Eliseo – Lealtad que activa herencia

Aarón y Miriam no eran inconversos. Eran líderes. Eran familia. Caminaban con Dios. Y aun así, cayeron por deslealtad. No los destruyó un pecado moral, los destruyó una lengua sin gobierno. No hablaron con Moisés, hablaron de Moisés. La murmuración siempre evita la confrontación directa y elige el camino del veneno lento.

Criticaron por comparación, por orgullo, por sentirse igual de usados por Dios. Pero cuando se toca la autoridad que Dios levantó, no responde un hombre, responde el cielo. Dios no defendió a Moisés por ser perfecto, lo defendió por ser el designado.

Miriam quedó leprosa. Aarón entró en pánico. Ambos entendieron tarde el peso de romper la honra. La murmuración no es una simple opinión, es una traición encubierta. La crítica sin honra no corrige, contamina. Muchos no se rompen por pecados visibles, se rompen por una lengua desalineada.

La lealtad vertical no se prueba cuando estás de acuerdo, se prueba cuando no entiendes, cuando no te gusta, cuando no te favorece. La honra no es emoción, es obediencia al diseño.

DINÁMICA CONFRONTATIVA — "LO QUE SALIÓ DE MI BOCA"
No se comparte con nadie. Es entre tú y Dios.
Marca con total honestidad lo que sí te ha pasado:

[ ] Hablé mal de mis líderes
[ ] Critiqué procesos que no entendía
[ ] Me uní a conversaciones de queja
[ ] Comparé a mis pastores con otros
[ ] Repetí rumores
[ ] Guardé ofensa en silencio
[ ] Callé cuando debía cortar una conversación incorrecta
[ ] Justifiqué mi murmuración diciendo "solo estoy siendo sincero"
[ ] Permití que mi corazón se llenara de queja
[ ] Defendí a quien murmuraba

Ahora completa esta frase sin justificarte:

"Hoy reconozco delante de Dios que fallé con mi boca en:"

ACTO PROFÉTICO DE CIERRE — "RECUPERO LA HONRA"
Escribe con tu puño y letra:
"Hoy quito mi lengua de la queja, de la crítica y del juicio. Renuncio a la murmuración. Decido honrar a mis pastores, a mi casa y a la visión que Dios me dio. Mi boca volverá a edificar lo que un día dañé. Amén."

Firma: _____
Fecha: _____

5

FINANZAS DEL REINO:
DIEZMOS, OFRENDAS Y MAYORDOMÍA
"No se trata de dinero… se trata de gobierno."

OBJETIVO

Formar líderes y lideresas que comprendan que la verdadera prosperidad no es tener más, sino gobernar con fidelidad lo que Dios confía. Aprender a honrar al Señor con los recursos, reflejando el ADN del Reino: generosidad, responsabilidad y propósito eterno.

VERSÍCULOS BASE

- **Malaquías 3:10** – "Traed los diezmos al alfolí… y probadme ahora en esto."
- **Lucas 16:10–12** – "Si no fuiste fiel en lo ajeno, ¿quién te dará lo que es vuestro?"
- **2 Corintios 9:6–8** – "El que siembra generosamente, generosamente segará."
- **Proverbios 3:9–10** – "Honra a Jehová con tus bienes y con las primicias de todos tus frutos."

ENSEÑANZA PROFÉTICA

"La manera en que administras lo terrenal revela cuánto puede confiarte Dios de lo eterno."

El dinero no es un enemigo; es una herramienta que amplifica el corazón. El problema no es tener recursos, sino a quién pertenece tu corazón cuando los tienes.

El Reino de Dios tiene su propio sistema económico: la siembra, la honra y la mayordomía. El mundo dice: "acumula para asegurar tu futuro." El Reino responde: "entrega para multiplicar tu propósito."

*El dinero es un excelente siervo,
pero un tirano cruel cuando se convierte en amo.*

Cada vez que diezmas, ofrendas o administras con sabiduría, le recuerdas al cielo quién gobierna tus finanzas: Dios. Dar no es perder; es sembrar en la eternidad, donde la cosecha nunca se agota.

1. EL DIEZMO — LA LLAVE DEL PACTO

El diezmo no es una transacción; es una declaración de gobierno. Es mirar al cielo y decir: "Tú eres primero, incluso en lo que más toca mi corazón."

El diezmo no compra bendiciones; sella señorío. No se da por costumbre, sino por revelación.

- Sostiene la casa, pero sobre todo afirma tu fidelidad.
- El diezmo consagra lo que queda.
- Rompe el dominio del ego sobre tus recursos.
- Es parte del ADN de los hijos e hijas maduros del Reino.

"El diezmo no te empobrece; te posiciona bajo el pacto."

Principio espiritual:
El diezmo no es el fin de la generosidad, es el punto de partida de la obediencia. No se trata de entregar dinero, sino de entregar gobierno. "Donde está tu tesoro, allí estará también tu corazón." (Mateo 6:21)

2. LA OFRENDA — EL LENGUAJE DEL AMOR

La ofrenda no nace del deber, sino del amor. No se mide por la cantidad, sino por la intención del corazón. Dios no mira la mano que da, mira el corazón que entrega.

Solo el amor puede sostener la generosidad constante. Por eso, una ofrenda dada sin amor es una moneda sin voz; pero una ofrenda dada con fe habla delante de Dios.

- Cada ofrenda es una semilla con voz profética.
- Lo que das con gratitud, regresa multiplicado con propósito.
- Las ofrendas no solo abren puertas, abren portales de favor y destino.

> "Tu ofrenda no muere en la canasta: viaja al futuro y te espera en forma de cosecha."

Ejemplo bíblico: La viuda de Sarepta (1 Reyes 17) no tenía abundancia, pero tenía fe. Dio su última harina, y Dios le multiplicó la provisión por años. El Reino no se activa con cantidad, sino con obediencia.

3. LA MAYORDOMÍA — LA PRUEBA DE MADUREZ

La mayordomía no es un talento; es una prueba de carácter.
Es el arte de administrar lo que no es tuyo como si lo fuera, y cuidarlo como si lo fueras a devolver mañana.
Todo lo que posees fue confiado, no concedido.
Y Dios no promueve derrochadores: promueve administradores fieles.

- Tu forma de manejar el dinero revela tu nivel de obediencia.
- La prosperidad del Reino se activa con orden, no con emoción.
- No basta con diezmar; hay que planificar, ahorrar y sembrar con propósito.
- Un líder desordenado en sus finanzas terminará limitado en su propósito.

"El Espíritu Santo no solo reparte dones; también enseña disciplina.": Si Dios no puede confiarte lo material, tampoco podrá confiarte lo ministerial.

4. LA ECONOMÍA DEL REINO — UN GOBIERNO SOBRENATURAL

El Reino no se sostiene en la acumulación, sino en la multiplicación. La fe reemplaza la avaricia, y la obediencia reemplaza la ansiedad. El sistema de Dios no se basa en tener más, sino en dar mejor.

- Mientras el mundo mide por riqueza, el cielo mide por fidelidad."
- Dios no busca grandes ofrendas, sino corazones gobernados.
- Él no necesita tu dinero; usa tus recursos para entrenar tu obediencia.
- No puedes pedir multiplicación donde no hay fidelidad."

Principios del sistema económico del Reino:
1. La siembra abre lo que el esfuerzo no puede.
2. La honra multiplica lo que la habilidad no alcanza.
3. La fidelidad atrae lo que la suerte nunca dará.
4. La generosidad protege lo que la ambición destruye.

"El Reino no se mueve por escasez, sino por fe."

ROMPIENDO LAS TRES ATADURAS QUE IMPIDEN SOLTAR

Muchos no dan más porque NO es que sean tacaños… es que están atados en el alma.

1. Temor al mañana
"Si doy… y mañana me falta?" La fuente no es tu salario; **la fuente es Dios**. (Filipenses 4:19)

2. Mentalidad de pérdida
"Si doy, pierdo." En el Reino, dar nunca es pérdida, es inversión. La semilla que sale regresa multiplicada.

3. Desconfianza por heridas pasadas
Muchos no dan porque vieron abusos en otras iglesias. "No das por confianza en un hombre, sino en Dios. Siembras en tierra, pero tu cosecha viene del cielo."

PRINCIPIOS DEL LÍDER DEL REINO EN SUS FINANZAS
1. El dinero es una herramienta del Reino, no un fin personal.
2. La prosperidad se recibe con propósito, no con orgullo.

3. Lo que no se honra, se pierde.
4. La administración revela carácter.
5. La generosidad abre puertas que el talento no puede abrir.
6. Dar con fe es adorar con madurez.
7. La fidelidad financiera es una forma de guerra espiritual.
8. La excelencia en las finanzas refleja el gobierno de Dios en la vida del líder.

CONFRONTACIÓN DEL ESPÍRITU
- ¿Eres fiel en lo poco que Dios te da?
- ¿Tienes dominio sobre tus finanzas o tus finanzas te dominan a ti?
- ¿Eres generoso/a solo cuando hay abundancia o incluso en la escasez?
- ¿Tu forma de administrar honra la visión de tu casa espiritual?
- ¿Has usado el dinero para servir al Reino o para justificar tus deseos?

Revelación:
Si tus manos están cerradas, tus cielos también. Dios no puede llenar lo que no se abre, cuando abres tu mano en honra, el cielo abre su mano en provisión.

RESUMEN DE REVELACIÓN
- **El Diezmo:** No es una factura, es un ancla de pacto que sostiene la casa de Dios y consagra lo que queda en tu mano.
- **La Ofrenda:** No es deber, es amor sembrado con propósito que activa portales de favor.
- **La Mayordomía:** No es una habilidad, es la evidencia de carácter y dominio sobre lo material.

"El dinero en tus manos revela a quién pertenece tu corazón."

FORMANDO CORAZONES QUE DAN PARA EL REINO
"Dar no se trata de dinero... se trata de gobierno."
El Reino no busca manos que den, sino corazones que entiendan por qué dan. Dar no es transacción, es adoración; no es pérdida, es gobierno. Cada vez que entregas algo a Dios, estás declarando: "No soy dueño, soy administrador. No doy por emoción, doy por revelación."

1. DAR POR REVELACIÓN
Nadie da con gozo por obligación, pero todo aquel que conoce a Dios como Dueño y Padre, da con pasión. El diezmo y la ofrenda no son para suplir una necesidad, sino para establecer señorío.
"Traed los diezmos al alfolí... y probadme ahora en esto." (Malaquías 3:10)
Dar no es pagar; es reconocer quién reina sobre tus recursos.

2. DAR POR ENSEÑANZA
Un líder generoso educa su mente y disciplina su corazón. No entrega por impulso, sino por entendimiento. Sabe que la semilla en sus manos no se pierde, se transforma. "El que siembra generosamente, generosamente segará." (2 Corintios 9:6)

3. DAR POR EJEMPLO
El líder que da con gozo enseña sin palabras. Su vida predica más fuerte que su mensaje. El pueblo no imita lo que oye, imita lo que ve. "Da ejemplo a los creyentes en palabra, conducta, amor, espíritu y fe." (1 Timoteo 4:12)

4. DAR POR CULTURA
La generosidad no debe ser una ocasión, sino una atmósfera. En una casa de Reino, el dar se celebra, no se lamenta. Dar se vuelve parte del ADN: un acto de honra, gratitud y fe. "Dios ama al dador alegre." (2 Corintios 9:7)

GEDEÓN Y LA OFRENDA QUE ROMPE LA POBREZA
"Y él respondió: Ah, Señor mío, ¿con qué salvaré yo a Israel? He aquí que mi familia es pobre en Manasés, y yo el menor en la casa de mi padre." *(Jueces 6:15)*

Gedeón se veía pobre, pero no lo era. Su padre tenía un hato de ganado, recursos y una posición en la aldea. Su pobreza no era económica, era mental y espiritual. Mientras Gedeón pensaba como esclavo, Dios lo veía como libertador.

Cuando el ángel del Señor se le apareció, no le pidió batalla, le pidió una ofrenda. Y en ese momento, la forma en que Gedeón dio reveló la forma en que pensaba.

REVELACIÓN DEL ESPÍRITU

Gedeón ofreció un cabrito y panes sin levadura. Era una ofrenda pequeña para un llamado grande. Representaba su mentalidad limitada: "no tengo mucho, no puedo dar más". Y aunque Dios la recibió, no la dejó ahí. Esa noche, el ángel volvió y le dijo: "Toma el toro de tu padre, el segundo toro de siete años, y ofrécelo en holocausto." *(Jueces 6:25–26)*

Dios le pidió algo mayor, no porque necesitara carne, sino porque Gedeón necesitaba romper el techo de su mentalidad de escasez. El Señor no quería empobrecerlo, sino ensancharlo. No le pidió dinero, le pidió visión.

Cuando Gedeón entregó el toro, rompió la pobreza de su mente, activó el fuego de su altar y abrió las ventanas del cielo sobre su propósito.

PRINCIPIO DE REINO
- "Si Dios te confía una gran victoria, tu ofrenda no puede ser pequeña."
- "La magnitud de tu ofrenda revela la magnitud de tu visión."
- "Dios no pide para quitarte, pide para probarte."

Cada vez que Dios te llama a una nueva temporada, te pedirá una ofrenda de nivel profético, porque el altar que te trajo hasta aquí no sostendrá lo que viene.
Y cuando respondes con obediencia, el cielo mismo se abre.
"Traed los diezmos al alfolí… y probadme ahora en esto, si no os abriré las ventanas de los cielos." *(Malaquías 3:10)*

El cielo no se abre por cantidad, se abre por obediencia. El fuego que cayó sobre la ofrenda de Gedeón fue la confirmación de que su entrega había roto su vieja mentalidad.

APLICACIÓN PROFÉTICA
Hay personas que oran por expansión, pero aún entregan ofrendas de limitación. Si Dios te está confiando una nueva dimensión, tu altar debe subir de nivel.

Gedeón no esperó tener victoria para ofrendar; ofrendó antes, creyendo en lo que aún no veía.

Dar una ofrenda mayor no es perder más: es declarar proféticamente que tu fe es más grande que tu miedo. "Cuando das más allá de tu comodidad, rompes la pobreza mental y activas la abundancia espiritual."

DECLARACIÓN FINAL

"Soy un/a administrador/a del Reino.
Mis recursos son de Dios y para Dios.
Mis manos no retienen, liberan.
No doy por miedo, doy por amor.
El dinero no gobierna mi corazón; Cristo es mi Señor y mi proveedor. Mis finanzas obedecen al Reino, y mi fidelidad activa cielos abiertos."

DÍA 1 – "PRIMERO DIOS: EL ALTAR DEL DIEZMO"

"El diezmo no es una transacción, es una declaración de gobierno. Dios es primero, incluso en lo que más me cuesta entregar."

Malaquías 3:10 Subráyalo en tu Biblia. ¿Qué significa "probadme ahora en esto"? ¿Qué revela tu obediencia financiera?

Reflexión: ¿Tu diezmo es una costumbre o una convicción? ¿Qué parte de tu corazón se resiste a poner a Dios primero?

Dinámica: Para tu próximo servicio, cuando traigas tu ofrenda —sin importar la cantidad— hazlo como un acto simbólico de honra y gobierno espiritual. Antes de presentarla, escribe: en tu sobre **"Declaro que Dios es primero en mis finanzas."**

Ora sobre esa declaración, y entrégala en el altar como señal de pacto, orden y obediencia.

Abraham y Melquisedec – El diezmo como pacto de honra

Después de rescatar a Lot y vencer a los reyes enemigos, Abraham no se quedó con el botín. En lugar de eso, se encontró con Melquisedec, rey de Salem y sacerdote del Dios Altísimo. Melquisedec lo bendijo, y Abraham le dio los diezmos de todo. No porque alguien se lo exigiera, sino porque reconocía que su victoria venía de Dios.

Este fue el primer acto de diezmo registrado en la Biblia, y no fue por ley, sino por revelación. Abraham no lo hizo para recibir más, sino para afirmar quién era su fuente.

El diezmo no fue una obligación, fue una respuesta de honra. Hoy, cuando diezmas, no estás pagando una cuota, estás sellando un pacto. Estás diciendo: "Todo lo que tengo viene de Ti, y Tú eres primero."

DÍA 2 – "LA OFRENDA: AMOR QUE SIEMBRA"

"No doy por deber, doy por amor. Mi ofrenda es una semilla con voz profética."

2 Corintios 9:7 Subráyalo en tu Biblia. ¿Qué actitud acompaña tu entrega?

Reflexión: ¿Tus ofrendas nacen del amor o de la presión? ¿Qué estás sembrando con intención esta semana?

Dinámica: Piensa en una persona o ministerio al que puedas bendecir sin que nadie lo sepa. Hazlo como acto de siembra secreta. Luego, escribe qué sentiste al dar sin esperar nada a cambio:

Bendice de forma práctica:
— Una ofrenda
— Una compra
— Una ayuda
— Un gesto de provisión

Luego, escribe en tu cuaderno: ¿Qué sentiste al dar sin esperar nada a cambio?

La viuda de Sarepta – Ofrenda que activa provisión

En medio de una gran sequía, Elías fue enviado a una viuda que solo tenía un puñado de harina y un poco de aceite. Estaba a punto de preparar su última comida para ella y su hijo. Pero el profeta le pidió primero una torta para él. Y ella obedeció.

Esa ofrenda, pequeña pero radical, activó una provisión sobrenatural. La harina no escaseó, el aceite no se agotó. La viuda no dio desde la abundancia, dio desde la fe. Su generosidad no solo la sostuvo a ella, sino que sostuvo al profeta y al propósito de Dios en medio de la crisis.

Hoy, tu ofrenda puede parecer pequeña, pero si nace del amor y la obediencia, tiene poder para abrir portales de provisión.

DÍA 3 – "MAYORDOMÍA: ADMINISTRAR LO QUE NO ES MÍO"

"No soy dueño, soy administrador. Lo que tengo fue confiado, no concedido."

Lucas 16:10 Subráyalo en tu Biblia. ¿Cómo estás manejando lo que Dios te ha confiado?

Reflexión: ¿Tu forma de gastar refleja tus prioridades del Reino? ¿Qué ajustes necesitas hacer en tu administración?

Dinámica confrontativa: **"ESCRIBE TUS DERROCHES"** Haz una lista de tus últimos 10 gastos innecesarios. SIN JUSTIFICACIONES. SIN HISTORIAS. SIN VÍCTIMAS.

Ejemplos:
1. Comida fuera que no era necesaria.
2. Compras impulsivas.
3. Pagos atrasados por irresponsable.
4. Antojos.
5. Apps, suscripciones, lujos tontos.

Ahora rodea el peor de todos.: Pregúntate: ¿Estoy pidiendo bendición mientras soy irresponsable?

Acto profético: Rompe la hoja en pedazos pequeños. Dile en voz alta: "Hoy rompo el pacto con el desorden."

José en Egipto – Mayordomía que salva naciones

José fue vendido como esclavo, pero dondequiera que iba, administraba con excelencia. En la casa de Potifar, en la cárcel, y finalmente en el palacio de Faraón. Cuando interpretó el sueño de las vacas gordas y flacas, no solo dio una palabra profética, dio un plan de administración.

Durante los años de abundancia, organizó graneros, almacenó provisiones y preparó al pueblo. Cuando llegó la escasez, Egipto no solo sobrevivió: fue fuente de alimento para otras naciones. José no era dueño, pero actuó como si cada grano de trigo fuera parte del propósito de Dios. Hoy, tu mayordomía puede parecer invisible, pero está preparando el terreno para multiplicación y legado.

DÍA 4 – "EL CORAZÓN DETRÁS DEL DAR"
"Dios no mira la cantidad; mira lo que te cuesta entregarle."

Marcos 12:43–44 Subráyalo en tu Biblia.
Reflexión: ¿Das desde la comodidad o desde la convicción?, ¿Qué parte de tu corazón todavía lucha con Dios?
Dinámica: Subraya o escribe qué NO material te cuesta entregar a Dios: orgullo, control, miedo, voluntad, heridas, independencia. Identifica qué está frenando tu entrega más que el dinero. Dibuja un corazón y escribe dentro: "Esto es lo que más me cuesta entregar." Cierra tu mano sobre el papel y declara: **"Señor, te entrego lo que sostiene mis miedos."** Abre la mano como señal de liberación y rendición.

La viuda del templo – Entrega que conmueve al cielo

Jesús estaba en el templo, y miraba cómo la gente echaba dinero. Muchos ricos depositaban grandes cantidades. Era un desfile visible, de monedas que sonaban fuerte al caer.

Pero entonces llegó una mujer. No tenía nombre en el relato, ni posición, ni reconocimiento. Era viuda. En aquella cultura, eso significaba vulnerabilidad, abandono, escasez. Y sin embargo, se acercó al arca y echó dos pequeñas monedas. No hicieron ruido. No llamaron la atención. Nadie la aplaudió. Pero Jesús sí la vio. Y dijo a sus discípulos: "De cierto os digo que esta viuda pobre echó más que todos los que han echado en el arca. Porque todos dieron de lo que les sobra; pero ella, de su pobreza echó todo lo que tenía, todo su sustento."

Jesús no celebró la cantidad, celebró el corazón. La viuda no dio por obligación, dio por amor. No dio lo que le sobraba, dio lo que le sostenía. El Espíritu te recuerda que tu entrega no se mide por montos, sino por motivos. Tu ofrenda puede parecer insignificante a los ojos humanos, pero si nace del amor, conmueve al cielo. Porque en el Reino, lo pequeño con propósito vale más que lo grande sin corazón.

La viuda no entregó monedas: entregó confianza.
Lo que tú entregas hoy no es dinero, es tu corazón en obediencia.

DÍA 5 – "MULTIPLICACIÓN CON PROPÓSITO"

"No doy para tener más, doy para cumplir propósito. Mi siembra tiene destino."

2 Corintios 9:6 Subráyalo en tu Biblia.
Reflexión: ¿Tu generosidad está alineada con tu propósito? ¿Qué cosecha estás esperando?
Dinámica: Dinámica confrontativa: Identifica las áreas donde quieres cosecha:
Ejemplo:

- Familia
- Ministerio
- Carácter
- Proyectos
- Finanzas
- Salud
- Relaciones
- Restauración
- Propósito
- Liberacion

Escoge un área donde necesitas ver avance o fruto. Toma un sobre y escribe: "Hoy siembro en _____, activando propósito." (Deja que Dios te hable de la cantidad). Guárdala dentro de tu Biblia y ora para que el Espíritu Santo te indique el día y el momento exacto en que debes entregarla. No la des hoy, ni por impulso; entrégala el dia que cuando Dios te lo revele.

La sunamita – Siembra que construye destino

La mujer sunamita no era líder ni profeta, pero tenía discernimiento. Al ver que Eliseo era un hombre de Dios, decidió honrarlo construyéndole un cuarto en su casa. No dio dinero, dio espacio. No sembró emoción, sembró revelación. Su honra creó un altar permanente.

Esa siembra habló más fuerte que sus palabras: el profeta declaró que tendría un hijo, y así ocurrió. Cuando el niño murió, ella llevó el milagro muerto al mismo cuarto que había construido, y allí Dios lo resucitó. Más adelante, cuando vino hambre, Eliseo la advirtió y ella obedeció. Al regresar, Dios le restituyó sus tierras y su herencia. Su siembra no solo bendijo al profeta: activó multiplicación, protección, resurrección y restitución. La sunamita dio por revelación, no por emoción. Su honra abrió portales que el talento no puede abrir. Lo que edificas para Dios en lo secreto, Él lo usará para levantarte en lo público. En el Reino, ninguna semilla muere: solo espera el momento de manifestar destino.

DÍA 6 – "FIEL EN LO POCO, CONFIABLE EN LO ETERNO"

"Mi fidelidad en lo terrenal revela cuánto puede confiarme Dios de lo eterno."

Lucas 16:11 Subráyalo en tu Biblia.
Reflexión: ¿Tu fidelidad financiera está alineada con tu llamado? ¿Qué áreas necesitan más orden, obediencia y visión?
Dinámica: EL JUICIO DE MIS FINANZAS"

1. Primer golpe: "TÍTULO DE LA HOJA: MIS INFIDELIDADES FINANCIERAS"

En una hoja, sin filtros, sin espiritualizarlo, escribe:
- ¿Dónde has sido infiel?
- ¿Dónde has sido irresponsable?
- ¿Dónde has mentido?
- ¿Dónde has exagerado gastos?
- ¿Dónde has gastado lo que era de Dios?
- ¿Dónde has quebrado principios?
- ¿Dónde has dilapidado recursos?
- ¿Dónde has defraudado a otros?
- ¿Dónde has escondido errores?

2. Segundo golpe: CALIFÍCATE Ponte una nota del 0 al 10 en estas áreas:
- **Fidelidad**
- **Orden**
- **Responsabilidad**
- **Transparencia**
- **Disciplina**
- **Integridad**
- **Generosidad**

3. Tercer golpe: EL ESPEJO PROFÉTICO
Responde esto:
¿Qué parte de mis finanzas NO quisiera que Jesús vea hoy?
Escríbela: _____

¿Qué hábito financiero sé que es pecado pero no he dejado?
Escríbelo: _____
¿Qué gasto revela más mi carne que mi Espíritu?
Escríbelo: _____

4. Cuarto golpe: Toma tu hoja de "infidelidades". Ponla en el piso. Ahora pon tu pie derecho encima y declara fuerte:

"Hoy piso mi desorden. Hoy piso mi doble vida financiera.
Hoy rompo el ciclo de irresponsabilidad. Hoy cierro la puerta a la infidelidad.
Nunca más volveré a este nivel."

5. Quinto golpe: COMPROMISO QUE DUELE

Escribe UNA acción concreta que harás hoy mismo:
- Cancelar una suscripción
- Detener un gasto
- Ajustar un presupuesto
- Pagar una deuda
- Llamar para pedir perdón
- Restaurar algo que "dañas" financieramente
- Empezar una práctica (diezmo, ahorro, presupuesto real)

Firma debajo:
"Yo, _____, me comprometo delante de Dios a cambiar esto HOY."

6. Sexto golpe: LA ORACIÓN QUE QUEMA
No escribas una oración larga. Solo una línea: **"Señor, confía en mí otra vez."**
Y dilo en voz alta.

7. Septimo golpe: TRAE UNA OFRENDA A LA PROXIMA CLASE (Si es presencial) sellando este compromiso de honra por la semana, y si tu clase es virtual, llevala al próximo servicio

6

SANTIDAD Y HONRA
"El poder sin santidad destruye; la santidad con honra construye."

OBJETIVO
Formar líderes que vivan con integridad, pureza y respeto, entendiendo que la santidad es la atmósfera donde Dios habita, y la honra es el lenguaje visible del Reino. Este módulo busca generar transformación real a través de convicción, rendición, restitución y crecimiento medible.

VERSÍCULOS BASE
- 1 Pedro 1:15–16 – "Sed santos, porque Yo soy santo."
- Hebreos 12:14 – "Seguid la paz y la santidad, sin la cual nadie verá al Señor."
- 2 Timoteo 2:20–21 – "Si alguno se limpia de estas cosas, será instrumento para honra."
- Romanos 12:10 – "Amaos unos a otros con amor fraternal; en cuanto a honra, prefiriéndoos los unos a los otros."

ENSEÑANZA PROFÉTICA

"El Espíritu Santo no unge apariencias; unge pureza."
La santidad no es un estilo, es una decisión. No se trata de lo que dejamos de hacer, sino de *a quién decidimos parecernos*. La santidad separa, pero no aísla. Te aparta del ruido del mundo para conectarte con la voz del cielo. Un líder/a santo/a no necesita máscaras: su autoridad nace del carácter. Cada vez que eliges la pureza sobre la conveniencia, Dios aumenta tu autoridad espiritual. La honra, por su parte, es la evidencia visible de un corazón consagrado.

- No puedes honrar verdaderamente a Dios si desprecias a las personas.
- La honra no se impone, se encarna en la forma en que tratamos, servimos y hablamos.
- La honra abre las puertas que el talento no puede tocar."

"La santidad guarda el corazón; la honra protege la cultura."

1. LA SANTIDAD: EL PERFUME QUE ATRALE LA PRESENCIA

- La santidad no te hace mejor que otros; te hace más útil para Dios.
- Es vivir limpio en lo secreto, no solo en lo público.
- Es el testimonio invisible que Dios recompensa en lo visible.
- El poder sin santidad se corrompe; la santidad sin poder se estanca.

"Dios no busca perfectos, busca sinceros que quieran ser transformados."

2. LA HONRA: EL SELLO DEL ADN DE LOS HIJOS/AS
1. Honrar no es adular; es reconocer el valor de Cristo en los demás.
2. El Reino se construye sobre una cultura de honra, no de competencia.
3. Un líder/a que honra, nunca pierde su lugar, aunque cambien las temporadas.

Tres direcciones de la honra:
1. **Honra a Dios:** con obediencia y pureza.
2. **Honra a tus autoridades:** con sujeción, servicio y cobertura.
3. **Honra a tu prójimo:** con humildad, amor y respeto.

PRINCIPIOS REALES DEL REINO: Estos principios no son reglas humanas, son verdades espirituales que definen el carácter de un líder del Reino. No se enseñan con teoría, se transmiten con vida.

1. **La santidad no se impone: se inspira.** Un líder santo no necesita gritar normas, su vida grita convicción. La santidad no es una carga, es una atmósfera que transforma. Cuando caminas en santidad, otros desean caminar contigo.

2. **La honra no se exige: se siembra.** La honra no se reclama, se cultiva con humildad, servicio y coherencia. Quien siembra honra cosecha herencia. La honra es el lenguaje de los hijos verdaderos.

3. **La pureza no te encierra: te preserva.** La pureza no es una prisión, es una protección. Te guarda del ruido, del engaño y del desgaste. Un corazón puro es un altar donde Dios habita.

4. **La falta de santidad apaga la voz profética.** El pecado silencia la revelación. Dios no habla desde corazones contaminados. Si quieres ser boca de Dios, primero sé altar para Él.

5. **a deshonra no rompe relaciones, rompe destinos.** Puedes seguir en la misma iglesia, pero si deshonras, tu destino se desvía. La deshonra no solo afecta tu presente, sabotea tu futuro.

6. **El fuego del altar se mantiene solo con corazones limpios.** No hay fuego sin limpieza. El altar no se enciende con talento, se enciende con entrega. Dios no unge lo sucio, purifica lo dispuesto.

LA SANTIDAD NO ES DOBLE VIDA:

La santidad no se activa en el templo y se apaga entre semana. La verdadera santidad es integridad: ser la misma persona en secreto, en público y en tus redes sociales. Hoy, gran parte del testimonio de un líder se mide por lo que publica, comparte, comenta o celebra en sus plataformas digitales.

Muchos parecen santos en la iglesia, pero en sus redes muestran una identidad contraria al Reino; comparten contenido carnal, se unen a conversaciones necias, celebran lo que Dios desaprueba, o proyectan una imagen que no refleja su llamado.

Esa incoherencia no es un detalle menor; es una grieta en el carácter y una forma de deshonra espiritual. Lo que posteas revela más tu corazón que lo que predicas.

El altar no está solo en la iglesia, también está en tu teléfono.

Un líder que camina en santidad cuida lo que publica, lo que consume, lo que comenta y lo que respalda con un "me gusta". La santidad no se demuestra con apariencia externa, sino con coherencia interna.

Tus redes también predican. Lo que compartes edifica o tropieza. Lo que celebras honra o deshonra. Lo que promueves revela si eres del Reino o de la cultura del momento.

No puedes pedir fuego en el altar mientras alimentas la carne en el contenido que consumes y publicas. Un líder íntegro vive sin duplicidad. Su testimonio no cambia según la plataforma. Su vida digital y su vida espiritual hablan el mismo idioma: santidad, honra y coherencia.

FUNDAMENTO BÍBLICO DEL TESTIMONIO PÚBLICO

La Biblia enseña que el liderazgo no se sostiene solo en dones, sino en ejemplo. El testimonio de un líder no se limita al altar; abarca todo lo que vive, expresa y refleja públicamente.

lknLa santidad no se reduce a evitar el pecado, sino también a evitar ser tropiezo para los débiles sin vivir esclavo de la opinión humana.

1 Timoteo 4:12 "Sé ejemplo de los creyentes en palabra, conducta, amor, espíritu, fe y pureza." (subraya lo que más necesitas fortalecer)

Romanos 14:13 "No nos juzguemos más los unos a los otros; sino más bien decidid no poner tropiezo u ocasión de caer al hermano." _____ (escribe una acción tuya que puede ser tropiezo para un débil en la fe que debes cambiar)

Gálatas 1:10 "¿Busco ahora el favor de los hombres o el de Dios?… Si agradara a los hombres, no sería siervo de Cristo."_____ (escribe a quién has estado tratando de agradar más: a Dios o a las personas)

El liderazgo espiritual requiere encontrar el balance correcto: Vivir con un testimonio visible que honre a Dios, cuidar a los más débiles en la fe, pero no quedar atrapado por las opiniones humanas. Lo importante no es si "algo parece malo" a los ojos de alguien, sino si tu conducta realmente: – honra a Dios, – edifica a los demás, – no viola principios bíblicos, – y no se convierte en tropiezo real.

CONFRONTACIÓN DEL ESPÍRITU

Este no es un examen, es un espejo. No lo respondas con rapidez, respóndelo con verdad. El Espíritu Santo no confronta para condenar, confronta para formar.

_____ **¿Eres el mismo/a en público y en privado?** ¿Tu vida secreta respalda tu liderazgo visible? ¿Tu altar personal sostiene tu plataforma pública?

_____ **¿Estás cuidando tus pensamientos, tu carácter, tus conversaciones y tus redes?** ¿Tus publicaciones reflejan tu llamado? ¿Tus palabras edifican o entretienen? ¿Tu mente está alineada con el Reino?

_____ **¿Cómo respondes ante la corrección?** ¿Te ofendes o te transformas? ¿Te justificas o te arrepientes? La corrección no es castigo, es promoción.

_____ **¿Estás honrando la visión, la casa, y a tus pastores/as o los estás evaluando con ligereza?** ¿Eres parte del fuego o parte del filtro? ¿Estás sumando o estás juzgando? La honra no se mide en aplausos, se mide en obediencia.

_____ **¿Eres un ejemplo de integridad o una contradicción visible?** ¿Tu vida predica lo que tu boca declara? ¿Tu servicio refleja tu corazón o tu necesidad de aprobación?

CUESTIONARIO DE REFLEXIÓN

1. ¿Qué significa para ti vivir apartado/a para Dios?

2. ¿Qué hábitos o relaciones están robando tu pureza?

3. ¿Cómo se manifiesta la honra en tu trato diario?

4. ¿Cómo puedes enseñar santidad sin religiosidad?

5. ¿Qué cambiaría si toda la iglesia viviera en santidad y honra?

6. ¿Qué parte de tu carácter necesita ser procesada por Dios hoy?

7. ¿Qué decisión práctica tomarás esta semana para proteger tu integridad?

RETO 7 DÍAS – *"CUERPO LIMPIO, CORAZÓN ENCENDIDO"*

Durante 7 días:
1. Ora 15 min diarios pidiendo pureza de corazón (Salmo 51).
2. Evita toda conversación o publicación deshonrosa.
3. Pide perdón si has ofendido o hablado mal. Confiesa, limpia y corta lo que contamina (hábitos, relaciones, actitudes).
4. Haz una acción de honra visible.
5. Escribe cada noche lo que Dios te enseñó en ese día.

Al finalizar, comparte tu testimonio en tu grupo o con tu mentor/a.

*"La santidad no se demuestra en el altar,
se prueba en el tiempo."*

AUTOEVALUACIÓN DE SANTIDAD (marca 1–5)

Área	1	2	3	4	5
Pureza de pensamiento					
Integridad emocional y sexual					
Honestidad financiera					
Control del carácter y la ira					
Puntualidad y compromiso					
Respeto hacia autoridades					
Lenguaje y redes sociales					
Servicio con excelencia					
Fidelidad en la visión					

Interpretación:
- 40–45 = Modelo de pureza y honra.
- 30–39 = Áreas por reforzar.
- <30 = Requiere mentoría intensiva y plan de restauración.

DECLARACIÓN FINAL

"Soy un/a líder/a consagrado/a.
Vivo en santidad, no por obligación, sino por amor.
Mi vida no pertenece al mundo, pertenece al Reino.
Mis manos estarán limpias, mi corazón puro,
mi boca sin deshonra.
Honraré a Dios con mi conducta
y a mis líderes/as con fidelidad.
Seré ejemplo de integridad,
un espejo del carácter de Cristo."

SANTIDAD Y HONRA

VISION DIL

SEMANA 6

DÍA 1 – "SEPARADO PARA PROPÓSITO"

"La santidad no es apariencia, es pertenencia.
No me aísla, me alinea."

1 Pedro 1:15–16 "Subráyalo en tu Biblia.

Reflexión: ¿Tu santidad es una carga o una convicción? ¿Qué áreas de tu vida aún no están consagradas?

Dinámica: Propósito: Exponer las áreas internas que no reflejan a Cristo.
1. Escribe tres áreas donde reconoces contaminación, mezcla o desorden.
2. Coloca tu mano sobre la lista y ora: "Espíritu Santo, revela lo que todavía estorba Tu gloria en mí. No lo justificaré; lo rendiré."
3. Rompe la hoja físicamente al final del día como señal de que decides cerrar pactos incorrectos.

Nadab y Abiú – Santidad que no se improvisa

Los hijos de Aarón, Nadab y Abiú, eran sacerdotes. Tenían acceso al altar, vestiduras sagradas, y estaban dentro del sistema del tabernáculo. Pero un día ofrecieron "fuego extraño" delante de Jehová, algo que Él no había mandado. No fue un error técnico, fue una falta de reverencia. Entraron al lugar santo con ligereza, sin santidad, sin temor. Y el fuego que debía consumir la ofrenda, los consumió a ellos.

Dios le dijo a Moisés: "A los que se acercan a mí, me santificaré." La santidad no es un estilo, es una atmósfera. No se improvisa, se cultiva.

Hoy, el Espíritu te llama a no ofrecer fuego sin altar. Tu liderazgo no puede sostenerse sin limpieza. Porque donde no hay santidad, el poder se convierte en juicio.

DÍA 2 – "INSTRUMENTO PARA HONRA"

"No fui llamado para impresionar, sino para reflejar. Mi vida será instrumento, no espectáculo."

2 Timoteo 2:21 Subráyalo en tu Biblia.

Reflexión: ¿Tu liderazgo está siendo instrumento o adorno? ¿Qué necesitas limpiar para ser más útil?

Dinámica: Escribe: Escribe esta declaración con tu puño y letra: "Hoy me aparto para Dios. Renuncio a toda mezcla, apariencia y contaminación. Soy instrumento para honra."

1. Firma la hoja, ponle fecha.
2. Guárdala dentro de tu Biblia en un pasaje que represente tu llamado (tú eliges cuál).
3. Cada vez que abras la Biblia en esa página, recuerda tu pacto.

Belsasar – Deshonra que contamina lo sagrado

Belsasar, rey de Babilonia, organizó un banquete con mil de sus príncipes. En medio de la fiesta, ordenó traer los utensilios sagrados del templo de Jerusalén, los que su padre Nabucodonosor había tomado. Los usaron para beber vino, para brindar a dioses falsos, para profanar lo que era santo.

Mientras celebraban, apareció una mano que escribió en la pared: "Mene, Mene, Tekel, Uparsin." Daniel interpretó: "Pesado has sido en balanza, y fuiste hallado falto." Esa misma noche, Belsasar murió.

La deshonra no siempre se ve en palabras, a veces se revela en cómo tratamos lo que Dios considera sagrado.

Hoy, el Espíritu te llama a ser instrumento para honra, no para exhibición. Porque lo que no se honra, se pierde. Y lo que se contamina, se desecha.

DÍA 3 – "HONRA QUE REVELA EL REINO"
*"La honra no se exige, se siembra.
Mi trato revela mi diseño."*

Romanos 12:10 Subráyalo en tu Biblia.

Reflexión: ¿Tu trato diario refleja honra o juicio? ¿A quién necesitas afirmar esta semana?

Dinámica: Escoge una persona (líder, mentor, padre/madre espiritual o alguien que Dios ponga).

Haz **una acción concreta de honra**:
- Una carta,
- Una llamada,
- Un gesto,
- Un servicio práctico.

Debe hacerse sin anunciar que es una dinámica.

Escribe lo que el Espíritu te mostró cuando honraste.

Mefiboset – Honra que restaura identidad

Mefiboset era hijo de Jonatán, nieto de Saúl. Cuando su familia cayó, fue llevado a Lodebar, tierra de olvido. Era cojo, sin herencia, sin posición. Pero David, recordando su pacto con Jonatán, preguntó: "¿Hay alguien de la casa de Saúl a quien yo pueda mostrar misericordia?"

Mefiboset fue traído ante el rey. Temblaba, esperando juicio. Pero David dijo: "Comerás siempre a mi mesa." Le devolvió tierras, servidores, y sobre todo, dignidad.

La honra no mira la condición, mira el diseño. David no vio a un inválido, vio a un heredero.

Hoy, tu honra puede restaurar a alguien que ha sido olvidado. Porque en el Reino, la honra no se basa en méritos, se basa en pacto.

DÍA 4 – "PUREZA QUE PRESERVA EL FUEGO"

*"La pureza no me encierra, me preserva.
Mi altar se enciende con entrega, no con talento."*

Hebreos 12:14 Subráyalo en tu Biblia.

Reflexión: ¿Tu fuego se mantiene por convicción o por emoción? ¿Qué estás alimentando en tu altar personal?

Dinámica: Durante los próximos 7 días:

1. Ora 15 minutos diarios pidiendo pureza de corazón (lee Salmo 51 antes de orar).
2. Evita cualquier conversación, contenido o comentario que apague tu santidad.
3. Cada noche escribe una frase de lo que Dios te enseñó ese día.

Job – Pureza que sostiene la prueba

Job era íntegro, temeroso de Dios, apartado del mal. Tenía riquezas, familia, influencia. Pero Satanás lo acusó: "¿Acaso teme Job a Dios de balde?" Dios permitió la prueba. Job perdió hijos, bienes, salud. Su esposa le dijo: "Maldice a Dios y muérete." Pero él respondió: "¿Recibiremos de Dios el bien, y el mal no lo recibiremos?"

En medio del dolor, Job no pecó con sus labios. Su pureza no fue circunstancial, fue estructural. Y al final, Dios lo restauró al doble. Porque la santidad no te exime de la prueba, pero te preserva en ella.

Hoy, el Espíritu te llama a sostener el fuego con pureza, no con espectáculo.

DÍA 5 – "LA HONRA QUE PROTEGE EL DISEÑO"
*"La deshonra no rompe relaciones, rompe destinos.
Mi honra preserva mi herencia."*

2 Reyes 2:12 *"Padre mío, padre mío, carro de Israel y su gente de a caballo."* Subráyalo en tu Biblia.

Reflexión: La honra no es un gesto, es un espíritu. La deshonra no es un acto, es un virus espiritual. La honra te abre herencia; la deshonra te corta destino.
Pregunta al Espíritu Santo: "¿Mi corazón está alineado con mi cobertura? ¿O he permitido crítica, juicio o distancia?"
La honra te protege, te eleva y te posiciona. La deshonra te expone, te vacía y te desvía.

Dinámica: Parte 1: Examen de Corazón: Antes de actuar, escribe con honestidad:
- ¿He permitido crítica interna contra mis pastores o mentores?
- ¿He hablado, pensado o participado en conversaciones que exponen su "desnudez"?
- ¿He juzgado donde debía cubrir?

Parte 2: Acción Profética: Escoge a tu pastor/a, mentor/a o autoridad directa.
Haz UN ACTO VISUAL Y TANGIBLE DE HONRA, sin exageración, sin adulación, sin intención de impresionar:
- Ayuda en algo concreto que los alivie.
- Siembra una ofrenda (económica, de tiempo, de servicio).
- Escríbeles una palabra de gratitud sincera.
- Pregunta: "¿Cómo puedo servirle/servirles esta semana?"
- Realiza una acción práctica que ellos NO te pidieron.

Hazlo en silencio, sin anunciar que es una dinámica. sin esperar reconocimiento.

Parte 3: Reflexión
Después escribe: "¿Qué produjo esto **en mi espíritu?**" ¿Qué quebrantó, qué sanó, qué reveló?

Noé y sus hijos – Honra que cubre, deshonra que expone Después del diluvio, Noé plantó una viña, bebió del vino y se embriagó. Quedó desnudo en su tienda. Cam, uno de sus hijos, lo vio y lo expuso. Pero Sem y Jafet tomaron una manta, caminaron hacia atrás y cubrieron la desnudez de su padre sin mirarla.

Cuando Noé despertó, bendijo a Sem y Jafet, pero maldijo a Cam. La honra no ignora el error, pero lo cubre con respeto. La deshonra no corrige, exhibe.

Hoy, el Espíritu te llama a cubrir con honra, no a señalar con juicio. Porque quien honra, hereda. Y quien expone, se desvía.

DÍA 6 – "SANTIDAD QUE SOSTIENE LA GLORIA"
*"No puedo pedir fuego si no estoy dispuesto a ser altar.
Mi santidad es mi plataforma."*

Éxodo 3:5 Subráyalo en tu Biblia
Reflexión: ¿Tu vida secreta respalda tu liderazgo visible? ¿Tu altar personal sostiene tu plataforma pública? ¿Estás buscando gloria sin limpieza?
Dinámica: Haz una revisión profunda de tu carácter. Escribe una oración de rendición: "Señor, purifica lo que aún contamina mi llamado." Léela en voz alta frente a tu altar familiar. Luego, escribe una decisión práctica para proteger tu santidad esta semana.

Josué – Santidad que prepara para conquista

El pueblo de Israel estaba a punto de entrar a la tierra prometida. Josué era el nuevo líder, y la conquista estaba cerca. Pero antes de cruzar el Jordán, Dios dio una instrucción clara: "Santificaos, porque mañana Jehová hará maravillas entre vosotros." No dijo "organícense", ni "armen estrategia", ni "reúnan armas". Dijo: "Santifíquense." Porque en el Reino, la gloria no se sostiene con fuerza, sino con limpieza.

Josué obedeció. El pueblo se purificó. Y cuando los sacerdotes pisaron el Jordán, las aguas se detuvieron. La tierra se abrió. La promesa comenzó a cumplirse.

Pero más adelante, después de la victoria en Jericó, vino la derrota en Hai. ¿Por qué? Porque Acán había tomado lo prohibido. Había contaminación en el campamento. Dios le dijo a Josué: "No podréis hacer frente a vuestros enemigos hasta que quitéis el anatema." La santidad no es solo personal, es colectiva. La gloria no se manifiesta donde hay mezcla. Josué confrontó, limpió, restituyó. Y la conquista continuó.

Hoy, el Espíritu te llama a santificarte antes de conquistar. No puedes pedir fuego si no estás dispuesto a ser altar. Tu llamado no se sostiene por tu talento, sino por tu pureza. Porque la santidad no es el premio de los perfectos, es la plataforma de los disponibles.

7

DESARROLLO, COMPAÑERISMO Y SERVICIO CON EXCELENCIA

"El Reino no se sostiene con voluntarios: se edifica con siervos/as excelentes.

OBJETIVO
Formar líderes que entiendan que la excelencia no es una meta, sino una manera de vivir el Reino. Que el crecimiento personal, el compañerismo y el servicio sean reflejo de madurez, carácter y amor por Dios. Servir con excelencia no busca aprobación humana, sino expresar el carácter de Cristo en todo lo que hacemos.

TEXTOS BASE
- **Colosenses 3:23–24** – "Y todo lo que hagáis, hacedlo de corazón, como para el Señor y no para los hombres."
- **Romanos 12:10–11** – "Amándoos los unos a los otros con amor fraternal; en lo que requiere diligencia, no perezosos; fervientes en espíritu, sirviendo al Señor."
- **Eclesiastés 9:10** – "Todo lo que te viniere a la mano para hacer, hazlo según tus fuerzas."
- **Juan 13:14–15** – "Si Yo, el Señor y Maestro, os he lavado los pies, también vosotros debéis lavaros los pies unos a otros."

ENSEÑANZA PRINCIPAL
La excelencia es la forma más alta de adoración. No consiste en hacerlo todo perfecto, sino en hacerlo con corazón íntegro y espíritu dispuesto. Dios no bendice el talento desordenado, sino la obediencia disciplinada.

Un líder excelente no necesita reconocimiento: necesita propósito. No se mueve por emoción, sino por convicción. El mediocre cumple; el excelente transforma. La excelencia no nace del deseo de impresionar, sino del deseo de honrar. Cada tarea, por pequeña que parezca, se convierte en un altar cuando se hace con amor, orden y entrega.

El Reino no recompensa la velocidad, sino la fidelidad. Por eso, servir con excelencia no es hacer mucho, sino hacerlo bien, con la actitud correcta y el espíritu correcto.

I. DESARROLLO PERSONAL Y ESPIRITUAL

Antes de liderar a otros, hay que aprender a gobernarse a sí mismo. El desarrollo personal comienza cuando el creyente entiende que servir sin carácter es edificar sin fundamento.

El crecimiento espiritual no se mide por el conocimiento que se acumula, sino por la obediencia que se practica. Dios promueve a quienes crecen en secreto, no a quienes buscan aprobación en público. El líder maduro no espera oportunidades, las construye con preparación, puntualidad y responsabilidad. Desarrollarse espiritualmente es trabajar cada día en tres áreas: carácter, disciplina y actitud.
- **Carácter:** es mantener integridad cuando nadie observa.
- **Disciplina:** es hacer lo correcto, aunque no se sienta.
- **Actitud:** es servir con gratitud y alegría, no con queja ni comparación.

Quien crece por dentro, inevitablemente se distingue por fuera.

II. EL COMPAÑERISMO: EL PODER DE LA UNIDAD

El compañerismo verdadero no nace de la simpatía, sino del propósito. Los equipos del Reino no se unen por afinidad, sino por visión. Un equipo sano ora junto, celebra los logros del otro, corrige con amor y sirve con humildad. El compañerismo no consiste en pensar igual, sino en caminar juntos. Cuando el compañerismo se debilita, el ministerio se divide. Cuando se fortalece, el Reino avanza.

El líder maduro sabe que no se puede construir Reino desde el ego. El compañerismo demanda respeto, honra y madurez emocional. Cada palabra, cada actitud y cada silencio deben fortalecer la unidad, no romperla. "Donde hay unidad, el Espíritu permanece. Donde hay división, la gloria se detiene."

SERVICIO CON EXCELENCIA

Servir a Dios es el privilegio más alto, y hacerlo con excelencia es la respuesta más noble. La excelencia no es perfección; es respeto por la tarea que representa al cielo en la tierra.

Claves del servicio excelente:
1. **Orden:** Dios no se manifiesta en el desorden.
2. **Puntualidad:** llegar tarde es decirle al Reino "mi tiempo es más importante que el tuyo."
3. **Preparación:** lo que se hace para Dios merece planificación y esmero.
4. **Actitud:** el tono con que sirves dice más que las palabras que pronuncias.
5. **Respeto:** tratar cada área como sagrada y cada persona como valiosa.
6. **Cuidado del detalle:** la manera en que haces lo pequeño revela cuánto entiendes lo grande.

Un servidor excelente transforma atmósferas. Su presencia genera confianza, su trabajo inspira, y su espíritu ordena lo que otros descuidan. La excelencia no se impone, se contagia. Una iglesia excelente no se nota por su tamaño, sino por su orden, su espíritu y su amor por lo bien hecho.

EL ESPÍRITU DEL SERVICIO: NO ESPERA ÓRDENES, MANIFESTA LA EXCELENCIA

El servicio excelente no nace en el templo, nace en el corazón. No depende de un horario, de un micrófono o de una asignación; depende de una convicción interna: "Si voy a hacer algo para Dios, lo haré con todo mi espíritu." Un servidor excelente no espera que lo llamen, no necesita que lo empujen, no trabaja por aprobación; trabaja por convicción.

El que sirve con excelencia llega al templo buscando qué aportar, no qué recibir. No se queda de brazos cruzados esperando instrucciones; entiende que la casa de Dios siempre tiene algo que hacer. La excelencia es movimiento, sensibilidad, iniciativa y responsabilidad.

Servir no es cumplir un turno; es portar un fuego. No es llenar un espacio; es sostener una atmósfera. No es ejecutar una tarea; es representar al cielo.

Un servidor excelente se prepara antes de servir. Ora antes de participar. Cuida los detalles antes de presentarse. No sube frío ni improvisado. Sabe que cualquier participación—orar, dirigir, cantar, tocar un instrumento, recibir a alguien—es una oportunidad para que Dios se derrame.

La excelencia no nace de hacer bien las cosas; nace de buscar a Dios antes de hacerlas. El que sirve con excelencia entiende que la unción fluye donde primero hubo altar.

Cada participación, por pequeña que parezca, debe ser administrada con ayuno, oración, enfoque y reverencia. El servidor excelente no actúa por emoción ni por rutina; se prepara porque sabe que, a través de él, Dios puede transformar vidas. Los servidores maduros no esperan micrófono, no buscan reconocimiento y no trabajan cuando los miran. Trabajan porque aman la casa de Dios. Son aquellos que, aunque nadie los llame, están listos. Aunque nadie los felicite, sirven con gozo. Aunque nadie los supervise, entregan lo mejor.

Ese es el espíritu del servicio excelente: hacerlo para Dios aun cuando nadie lo ve, aun cuando nadie lo pide, aun cuando nadie lo reconoce.

LA CULTURA DE FAMILIA: COMUNICAR A QUIENES CAMINAN CONTIGO

Una de las señales más claras de madurez espiritual es saber a quién le compartes tus procesos. En muchas iglesias ocurre que los líderes comentan primero sus victorias, luchas, decisiones o noticias importantes a personas que no caminan en la visión —algunas incluso que se fueron mal— mientras quienes los cubren, pastorean e interceden se enteran de último.

Esto no siempre nace de maldad; muchas veces nace de grietas emocionales, falta de cultura de casa o hábitos incorrectos no formados. Pero el resultado es el mismo: debilita la conexión espiritual y rompe el flujo de confianza.

Un líder maduro entiende que sus pastores, mentores y su casa espiritual no son espectadores, son parte real de su historia. Si alguien oró contigo por un proyecto, por una respuesta, por una necesidad o por un sueño, honra es también compartir la victoria con ellos. No por obligación, sino por familia.

Comunicar no es pedir permiso: es honrar los vínculos del Reino. Cuando un líder comparte primero sus noticias importantes con personas desconectadas de la visión y no con quienes Dios puso para cubrirlo, envía sin querer un mensaje espiritual: "Valoro más sus oídos que mi cobertura."

Esto abre puerta a confusión, opiniones equivocadas y conexiones que no edifican. La cultura de familia se sostiene con comunicación, confianza y honor.

1. Un líder excelente cuida no solo lo que hace, sino con quién lo comparte.
2. Un líder maduro celebra con quienes caminaron con él.
3. Un líder sano informa a quienes Dios usó para sostenerlo.

EL SERVICIO PROBADO: CUANDO EL CORAZÓN DEMUESTRA SU VERDAD

El verdadero servicio no se revela cuando todo marcha bien, sino cuando las temporadas son difíciles. Muchos sirven mientras se sienten motivados, incluidos o aplaudidos; pero el servicio del Reino nace cuando el corazón es probado. En tiempos recientes, muchos en la iglesia han renunciado, otros se apagaron, y algunos comenzaron a "odiar las partes", cansados de rutinas o desanimados por la falta de apoyo. Pero el liderazgo maduro no se define por lo que siente, sino por lo que ha decidido en su espíritu.

El que realmente es servidor, aunque sea movido de área, sigue sirviendo. Aunque no le den una participación visible, sigue disponible. Aunque atraviese procesos emocionales, no desconecta su espíritu. Un servidor verdadero no usa sus temporadas para retirarse; las usa para profundizar su entrega.

El que deja de servir porque le cambiaron el lugar, nunca entendió para quién servía. El que deja de servir porque no lo llaman, nunca lo hizo por Reino.
El que solo sirve cuando lo observan, no sirve: actúa.

Dios no unge la inconstancia. Dios unge la fidelidad.
No porque sea perfecta, sino porque es firme.

El liderazgo no se sostiene con gente emocional, sino con gente leal. Los procesos revelan quién sirve por convicción y quién por conveniencia; quién tiene espíritu de hijo y quién tiene espíritu de empleado; quién sostiene la carga y quién la deja caer.

La pregunta no es: "¿Te cansaste?"
La pregunta es: "¿Dejaste de ser lo que fuiste llamado a ser?"

El servidor maduro entiende que su servicio no depende de una parte, un turno, un uniforme ni una asignación. Su servicio nace del amor por la casa y del fuego del llamado. Donde esté, sirve. Si tiene un micrófono, ministra. Si no lo tiene, sostiene. Si está en plataforma, da palabra. Si está en la puerta, da honra. Si está atrás, cuida. Si nadie lo ve, Dios sí lo ve.

El Reino no se edifica con gente que renuncia por presión, sino con gente que madura en la presión.

LA MOTIVACIÓN PASTORAL Y LA LEALTAD EN TIEMPOS DE SACUDIDA

En toda iglesia madura habrá temporadas de sacudida. Personas que sirven hoy pueden renunciar mañana; algunos se enfrían, otros se desaniman, otros simplemente se cansan. Pero lo más peligroso no es que alguien renuncie… es que otros lo sigan. Hay líderes que, cuando un compañero se va, comienzan a repetir sus dolores, adoptar sus quejas o culpar a su pastor por decisiones que no nacieron del Espíritu, sino del desánimo humano.

Una de las señales de inmadurez espiritual es permitir que la caída o la renuncia de uno apague la fe de muchos. Un líder emocional piensa: "Si él se fue, yo también." Un líder maduro piensa: "Si él cayó, yo debo permanecer."

En los últimos tiempos, uno de los ataques más fuertes contra el liderazgo es el desánimo por lo que otros deciden hacer. Cuando alguien renuncia, hay quienes inmediatamente cuestionan la visión, dudan de la dirección pastoral o permiten que la crítica de uno contamine la convicción de muchos. Pero la Biblia enseña que la lealtad no se prueba en la abundancia, sino en la sacudida.

No todo el que se va se va por injusticia; a veces se va porque no quiere proceso. No todo el que acusa tiene razón; a veces habla desde heridas no sanadas. Y no todo el que critica busca solución; a veces solo busca justificar su retirada.
El líder maduro **no hereda heridas ajenas**, no adopta ofensas prestadas y no se deja arrastrar por emociones colectivas. Su lealtad no depende de la multitud, sino del Espíritu. Su fidelidad no se mide por cuántos quedan, sino por cuántas veces él decide quedarse.

Cuando atacan al pastor o cuestionan la visión, el líder excelente no se convierte en eco del conflicto; se convierte en muro protector. No alimenta rumores. No repite quejas. No amplifica acusaciones.

Sabe que el reino no se construye con sospechas, sino con honra.
- o Un liderazgo que se motiva solo cuando todo está bien, está inmaduro.
- o Un liderazgo que se desanima por la salida de unos pocos, está inconcluso.
- o Un liderazgo que se apaga porque otro se apagó, está sin raíz.

Pero un liderazgo que permanece fiel en tiempos difíciles, que sostiene al pastor, que protege la visión y que decide seguir sirviendo, aunque otros no quieran, ese liderazgo es el que Dios usa para traer avivamiento.

"El que permanece hasta el fin, éste será salvo." (Mateo 24:13)
Dios levanta a los que permanecen cuando otros retroceden.

PRINCIPIOS DE LA CULTURA DE EXCELENCIA

1. La excelencia no es lujo, es obediencia.
2. El desorden visible revela desorden interno.
3. El servicio mediocre apaga la visión; el excelente la acelera.
4. La excelencia no busca ser vista, busca reflejar a Cristo.
5. La calidad de tu servicio es una predicación silenciosa.
6. Dios no bendice el descuido; respalda la diligencia.
7. La excelencia no nace del talento, sino del compromiso.

CONFRONTACIÓN

- ¿Sirves con gozo o por costumbre?
- ¿Cuidas los detalles o trabajas solo cuando alguien te observa?
- ¿Tu actitud refleja honra o conveniencia?
- ¿Tu servicio inspira confianza o genera carga?
- ¿Eres un ejemplo de orden, puntualidad y responsabilidad?

El Reino no necesita servidores ocupados, sino siervos conscientes. La excelencia no se trata de actividad, sino de propósito.
Cada vez que sirves, Dios mide más tu corazón que tu resultado.

"El Reino no recompensa la fama, recompensa la fidelidad."

CUESTIONARIO DE REFLEXIÓN

1. ¿Qué significa para ti servir "como para el Señor"?

2. ¿Cómo puedes aplicar la excelencia en tu ministerio?

3. ¿Qué hábitos limitan tu desarrollo personal?

4. ¿Cómo puedes fortalecer el compañerismo en tu equipo?

5. ¿Qué detalles descuidas y cómo puedes corregirlos esta semana?

6. ¿Qué actitud refleja el corazón del servidor excelente?

7. ¿Qué mensaje cres que transmites mientras ve que otros te observan?

DECLARACIÓN FINAL

"Soy servidor del Reino. No sirvo por obligación, sino por pasión. Mi servicio es mi adoración. Serviré con excelencia, alegría y honra. Cada detalle hablará más fuerte que mis palabras y mi actitud reflejará a Cristo en mí."

DESARROLLO, COMPAÑERISMO Y SERVICIO CON EXCELENCIA

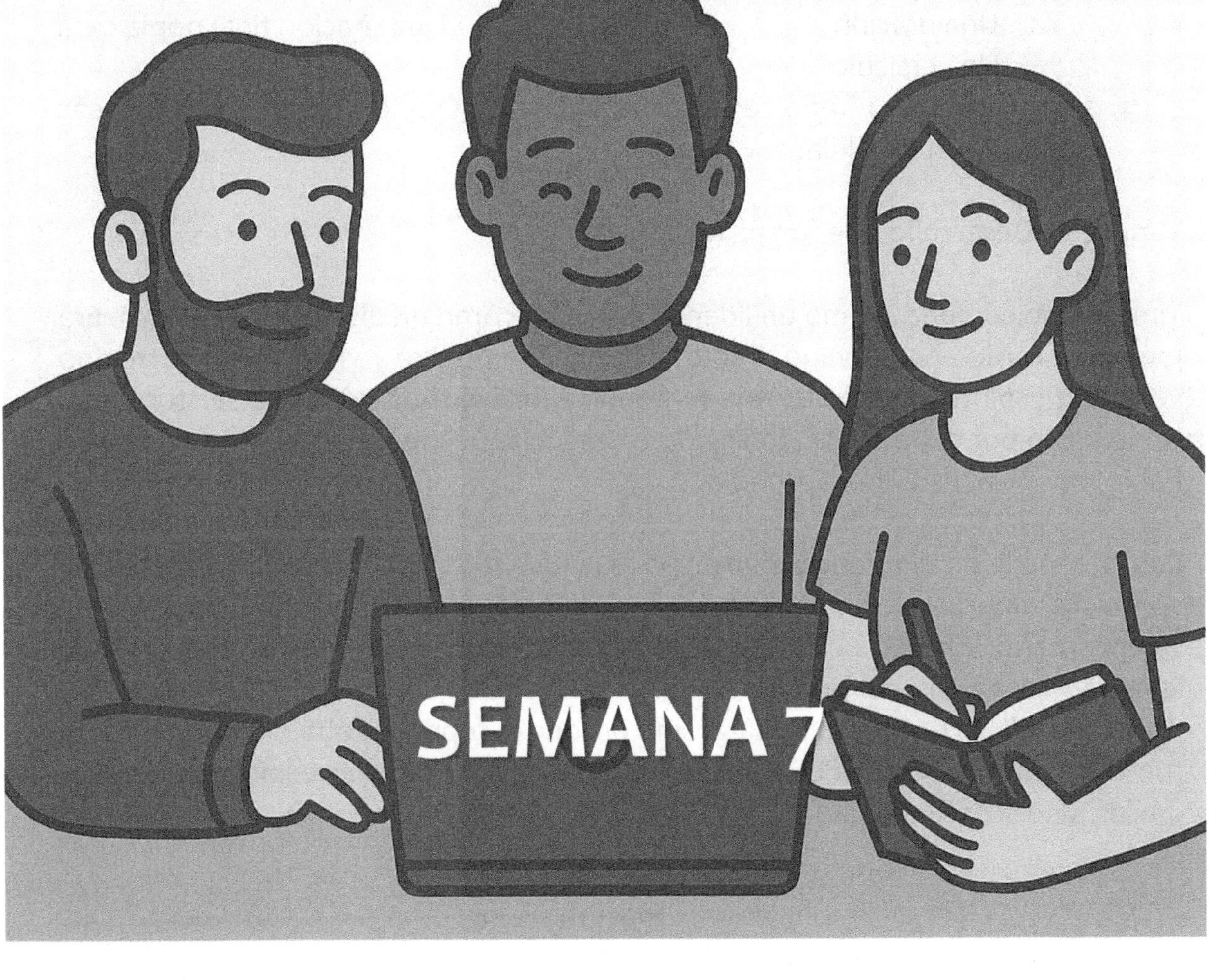

SEMANA 7

DÍA 1 – "CRECER PARA SERVIR"

"El desarrollo espiritual no se mide por cuánto sé, sino por cuánto amo y sirvo."

Colosenses 3:23–24 Subráyalo en tu Biblia.

Reflexión: ¿Tu servicio refleja crecimiento o solo actividad? ¿Qué parte de tu carácter necesita madurar para servir mejor?

Dinámica: extensión de mi iglesia

1. Junto a tu compañero/a de academia, junten las tres personas de las que ya han contactado entre ambos, puedes hascerlo indiviudal.
2. Elijan una casa (puede ser la de ustedes o de algún hermano disponible).
3. Hagan un mini culto de 15–20 minutos:
    - Un cántico
    - Una oración
    - Un versículo
    - Una palabra corta
    - Una oración final por la casa
4. Luego escribe: ¿Cómo te sentiste al dirigir? ¿Qué despertó en ti? ¿Deseas abrir tu propia célula?

Timoteo – Desarrollo que forma legado

Timoteo no comenzó como un líder visible, sino como un discípulo silencioso. Era joven, de carácter reservado. Pablo lo conoció en Listra y vio algo que otros no veían: un espíritu enseñable, una fe genuina, una disposición para ser formado. No lo eligió por experiencia, lo eligió por esencia. Desde ese momento. Viajó con Pablo, observó, escuchó, aprendió.

Pablo le escribió: "Ninguno tenga en poco tu juventud, sino sé ejemplo en palabra, conducta, amor, espíritu, fe y pureza." No le pidió que se impusiera, le pidió que se encarnara. Timoteo no fue promovido por carisma, sino por carácter. No fue levantado por aplausos, sino por obediencia. Al final, Pablo lo llama "mi verdadero hijo en la fe." No porque lo imitara, sino porque lo representaba. Timoteo no solo fue formado, fue confiado. Y ese es el fruto del desarrollo espiritual: no solo crecer, sino sostener legado.

DÍA 2 – "COMPAÑERISMO QUE ENCIENDE EL FUEGO"
*"El compañerismo no es simpatía, es conexión espiritual.
Donde hay unidad, hay gloria."*

Romanos 12:10–11 Subráyalo en tu Biblia.

Reflexión: ¿Estás edificando unidad o dividiendo atmósferas? ¿Qué puedes hacer para fortalecer el compañerismo en tu equipo?

Dinámica: "Conecta y Activa"
1. En el próximo culto, identifica a alguien con quien casi nunca hablas.
2. Acércate y dile con sinceridad: "Dime cómo puedo orar por ti esta semana."
3. Ora allí mismo (30 segundos).
4. Anota después: ¿Cómo cambió la atmósfera entre ustedes? ¿Qué aprendiste sobre la unidad?

Josué y Caleb – Compañerismo que sostiene visión

Doce espías fueron enviados a reconocer la tierra prometida. Diez regresaron con miedo, pero Josué y Caleb hablaron con fe. No se dejaron contaminar por la queja, ni se dejaron arrastrar por la opinión mayoritaria.

Se sostuvieron mutuamente, con convicción y visión. Años después, cuando todos los demás murieron en el desierto, ellos entraron a la promesa. Caleb dijo: "Dame ese monte." Y Josué se lo dio sin dudar. Su compañerismo no fue emocional, fue espiritual, forjado en obediencia y fidelidad. Hoy, el Espíritu te llama a caminar con quienes sostienen visión, no con quienes alimentan división.

Porque el fuego del Reino no se mantiene sin leña que se toca, sin corazones que se alinean, sin pactos que se honran.

DÍA 3 – "MI ÁREA, MI ALTAR"
"No sirvo por obligación, sirvo por devoción.
Mi ministerio es mi altar."

Eclesiastés 9:10 Subráyalo en tu Biblia.

Reflexión: ¿Estás cuidando tu área como si fuera el lugar donde Dios habita? ¿Qué detalles estás descuidando?

Dinámica: Busca un lugar donde orar en tu casa, agrega detalles en ese lugar. Declara: "Aquí habita su presencia. Toma fotos del lugar y compara con tus compañeros.

Bezaleel – Excelencia que construye presencia

Cuando Dios ordenó construir el tabernáculo, Llamó a Bezaleel, un artesano lleno del Espíritu. No era figura pública, pero tenía precisión, devoción y diseño. Dios dijo: "He llenado a Bezaleel de sabiduría, inteligencia y ciencia en todo arte." No solo le dio habilidad, le dio impartición. Porque en el Reino, la excelencia no nace del talento, nace del Espíritu.

Bezaleel diseñó el arca del pacto, los utensilios, las cortinas, los altares... cada detalle con reverencia. Su trabajo no se veía en el altar, pero sostenía la gloria que descendía sobre él. Mientras otros ministraban, él preparaba el lugar donde Dios habitaría. Su servicio no era visible, pero era vital. No predicó, pero su obra predicaba orden, honra y obediencia.

Hoy, el Espíritu te llama a servir como él: con manos que adoran, con detalles que honran, con excelencia que no busca aplausos, sino presencia. Porque cada área —desde el altar hasta el parqueo— puede ser un lugar donde Dios se manifiesta. La gloria no desciende donde hay talento sin orden, sino donde hay corazones que entienden que servir bien es adorar profundo.

DÍA 4 – "EXCELENCIA QUE INSPIRA"
*"La excelencia no es perfección, es intención.
Lo que se hace bien, inspira."*

Juan 13:14–15 Subráyalo en tu Biblia.

Reflexión: ¿Tu servicio inspira o contamina? ¿Qué actitud estás modelando mientras sirves?

Dinámica: "Plan Maestro de Excelencia"
1. Haz una lista breve: de 5 cosas que mejorarían tu iglesia si se hicieran con excelencia. Elige una de las cuales tu te involucrarias y a esa diséñale 5 líneas un plan práctico para mejorarla.
2. Entrégalo a tu pastor o líder. (Esto activa iniciativa y responsabilidad.)

Marta – Servicio que necesita equilibrio

Marta recibió a Jesús en su casa con entusiasmo. Se movía de un lado a otro, preparando, organizando, atendiendo. Su servicio era visible, activo, diligente. Pero en medio del movimiento, se turbó. Se quejó de que María no la ayudaba, y pidió a Jesús que interviniera.

Jesús no reprendió su esfuerzo, pero sí su enfoque. Le dijo: "Marta, estás afanada y turbada con muchas cosas. Pero una sola cosa es necesaria." Marta servía, pero sin descanso. Su excelencia se volvió carga, su pasión se volvió presión. María, en cambio, estaba sentada a los pies de Jesús, escuchando. Jesús no descalificó el servicio, pero sí reveló el orden del corazón. Porque servir sin presencia es activismo.

Hoy, el Espíritu te llama a servir con equilibrio: con pasión, pero también con paz. Con diligencia, pero también con devoción. Porque la excelencia no es solo hacer mucho, es hacer lo correcto con el corazón correcto. Y el servicio más poderoso no es el que impresiona, sino el que nace de intimidad.

DÍA 5 – "UNIDAD QUE REPRESENTA AL REINO"
*"El Reino no se representa con talento, sino con carácter.
La unidad es el lenguaje del cielo."*

Juan 17:21 Subráyalo en tu Biblia.

Reflexión: ¿Tu servicio refleja unidad o protagonismo? ¿Cómo puedes representar mejor la cultura del Reino?

Dinámica: Acto Secreto de Unidad"
1. Para le próximo modulo, elige en secreto a tres personas del curso.
2. Prepárales un detalle pequeño:
    - Una nota
    - Una frase
    - Un versículo
    - Un dulce
3. Díselo en 5 segundos: "Fue especial caminar contigo en esta academia."
4. Observa su reacción.

Luego reflexiona: ¿Qué provocó este acto en ti y en ellos?

Los constructores del muro – Unidad que vence oposición

En tiempos de Nehemías, Jerusalén estaba en ruinas. Pero cuando el pueblo se unió para reconstruir el muro, algo sobrenatural ocurrió. Cada familia tomó una sección. Cada grupo trabajó hombro a hombro. Hubo burla, amenaza, cansancio.

Pero Nehemías declaró: "El Dios del cielo nos prosperará, y nosotros sus siervos nos levantaremos y edificaremos." La clave no fue la fuerza, fue la unidad.

Hoy, tu servicio no es solo tuyo. Es parte de un muro espiritual que sostiene la casa. Donde hay unidad, hay aceleración. Donde hay compañerismo, hay conquista.

DÍA 6 – "FIDELIDAD QUE TRANSFORMA ATMÓSFERAS"
*"El Reino no recompensa la fama, recompensa la fidelidad.
Mi servicio transforma atmósferas."*

1 Corintios 4:2 Subráyalo en tu Biblia.

Reflexión: ¿Tu servicio genera descanso o preocupación a tus líderes? ¿Estás siendo fiel en lo que nadie ve?

Dinámica" Si llegaste hasta este día, no viniste a aprender: viniste a despertar. No estás aquí por casualidad. No completaste estas semanas para ser espectador. Llegaste porque el cielo te eligió para cargar una asignación.

Hoy decides si sigues siendo asistente o te conviertes en un portador de propósito.

PASO 1 — Escríbelo con verdad
En una hoja escribe estas tres preguntas y respóndelas con honestidad delante del Espíritu Santo:
1. ¿Qué carga siento por la obra?
2. ¿Qué área despierta más mi pasión?
3. ¿Qué he postergado que Dios me pidió hace tiempo?

PASO 2 — Enfréntate al llamado
Ahora escribe una de estas dos frases, la que corresponda a tu corazón:
1. Si sientes deseo de servir:
    "Señor, hoy dejo mis excusas. Caminaré hacia mi llamado. Actívalo en mí."
2. Si aún no sabes tu área:

"Señor, no quiero quedarme igual. Muéstrame dónde servir y dame carga."

PASO 3 — Acción Profética
1. Debes escoger una de estas tres acciones hoy mismo: Pedir oficialmente entrar a un ministerio: Habla con tu pastor o líder y dile: "Estoy listo. Quiero servir."

2. Iniciar el proceso junto a dos o tres compañeros o de fomra indiviual para abrir una extencion de mi iglesia de Paz
3. Confirmar y reafirmar el ministerio donde ya estás. Comunícate con tu líder y dile: "Cuenta conmigo. Me reinstalo en mi posición."

PASO 4 — Cierre Profético
Graba un audio de 20 a 30 segundos diciendo: "Si llegué hasta aquí, no es para mirar, es para avanzar. Me levanto como servidor del Reino, como líder que porta fuego, como hijo o hija que empuja la visión. Hoy doy el paso. Hoy respondo al llamado. Hoy comienzo."
Guárdalo. Escúchalo mañana otra vez.
Ese audio será tu punto de no retorno.

El centurión – Fidelidad que sorprende a Jesús

Un centurión romano, hombre de autoridad y cultura pagana, se acercó a Jesús con una petición urgente: su siervo estaba enfermo. No pidió que Jesús lo tocara, ni que lo visitara. Solo dijo: "No soy digno de que entres bajo mi techo, pero di la palabra, y mi siervo será sano."

Jesús se detuvo. Se maravilló. Y declaró: "Ni aun en Israel he hallado tanta fe." Este hombre no era parte del pueblo escogido, pero tenía algo que muchos religiosos habían perdido: humildad, reverencia y una fe activa. No buscó protagonismo, buscó intervención. No mostró poder, mostró dependencia. Su fidelidad no se expresó en palabras elaboradas, sino en una actitud que transformó la atmósfera.

Hoy, el Espíritu te recuerda: Tu servicio no necesita escenario para ser poderoso. Tu fidelidad, cuando nace del corazón, puede sorprender al cielo. Porque no se trata de cuánto haces, sino de cómo lo haces. Y cuando sirves con excelencia, tu servicio se convierte en adoración.

8

PORTADORES DEL ADN DE LA CASA
"No fuiste llamado/a a asistir, sino a construir."

OBJETIVO

Activar a cada líder/a para que viva, defienda y multiplique el ADN de la iglesia, comprometiéndose con la visión y convirtiéndose en un portador del fuego, la cultura y la expansión del Reino.

VERSÍCULOS BASE

- **Juan 17:21–23** – "Para que sean uno… para que el mundo crea."
- **Habacuc 2:2–3** – "Escribe la visión y haz que corra el que la lea."
- **Hechos 13:36** – "David sirvió a su generación según el propósito de Dios."
- **Isaías 60:1–3** – "Levántate, resplandece, porque ha venido tu luz."

ENSEÑANZA PROFÉTICA

> *"No se trata de estar en la iglesia, sino de ser la iglesia."*

El ADN de la casa es más que una doctrina: es la esencia que corre por las venas espirituales de una generación. No somos un nombre — somos una comisión.

Somos una casa que arde por Su presencia, que forma con propósito, y que sirve con excelencia para transformar la tierra.

Este módulo no solo enseña: comisiona. Es el punto donde tu te convierte en embajador. Donde el que recibía palabra, ahora se convierte en voz. Donde la visión deja de ser teoría y se vuelve carga divina.

"El ADN de la casa no se hereda por contacto, sino por compromiso."

Dios no te llamó solo a ocupar un lugar en una iglesia. Él te plantó en esta casa con un propósito eterno. No fuiste asignado/a por casualidad, fuiste sembrado/a con intención divina.

Cada casa espiritual tiene un diseño único, y ese diseño necesita portadores/as que lo vivan, lo protejan y lo multipliquen. No basta con asistir, hay que encarnar la visión.

El ADN del reino no es solo doctrina, es cultura, es fuego, es legado. Y ese legado se manifiesta cuando tú lo llevas a tu entorno: tu trabajo, tu familia, tu ministerio, tu generación. Ser portador/a del ADN significa que tu vida se convierte en una extensión viva de esta casa. No eres un espectador, eres un heredero/a. No eres un visitante, eres un constructor/a.

Ser portador/a del ADN implica:

- **Proteger la unidad**: No permites divisiones, eres puente, no muro.
- **Servir con pasión**: No haces lo mínimo, haces lo extraordinario.
- **Modelar excelencia**: Tu servicio refleja el Reino, no la rutina.
- **Ser ejemplo de lealtad**: No abandonas en la tormenta, permaneces en la visión.
- **Amar la visión y sostener la casa**: No solo la celebras, la cargas, la defiendes, la expandes.

"El ADN de la casa no se viste los domingos, se vive cada día."

Tu forma de hablar, de servir, de corregir, de amar… todo debe gritar: "Soy parte de mi iglesia Porque el ADN no se memoriza, se transmite. No se presume, se demuestra. No se copia, se hereda.

"El Reino no necesita asistentes, necesita herederos."

2. EL LLAMADO A LA GENERACIÓN

Esta academia no termina: comienza una nueva temporada. Hoy Dios te envía como constructor/a, intercesor/a y representante del Reino.

No puedes callar lo que el fuego te enseñó.

Eres parte de una generación:
- Que no se vende, se entrega.
- Que no critica, construye.
- Que no se dispersa, se conecta.
- Que no busca fama, busca almas.
- Que no se conforma, transforma.

"Lo que has recibido aquí debe manifestarse allá."

3. DE ALUMNO/A A PORTADOR/A

Has sido formado/a para multiplicar, no para almacenar. Todo lo que recibiste —visión, santidad, honra, servicio, excelencia— debe ahora fluir a través de ti.

Un/a portador/a del ADN:
- Habla como la casa (con fe, honra y visión).
- Actúa como la casa (con orden y amor).
- Vive como la casa (con pasión y excelencia).

"Si portas el ADN de la casa, también portas la autoridad del Reino."

EL ADN QUE PERMANECE, AUN CUANDO CAMBIAN LAS TEMPORADAS

El verdadero ADN no se abandona cuando cambian las temporadas. Hay personas que asisten, sirven y participan, pero nunca se convierten en hijos/as de la casa. Porque el que porta ADN no se mide por su presencia física, sino por su corazón.

El ADN verdadero no se borra cuando alguien se muda, viaja o vive un proceso. La distancia no cancela la honra; la geografía no rompe la paternidad; el cambio de etapa no destruye la gratitud. Una señal clara de madurez espiritual es cómo honras a quienes te formaron, aunque ya no estés bajo su techo.

En muchas iglesias ocurre que líderes que fueron levantados, formados y enviados, al irse: desconectan totalmente, no honran, no informan, no saludan y ni siquiera devuelven gratitud básica. Esto no es un ataque personal; es un síntoma de inmadurez espiritual y de un ADN que nunca se encarnó verdaderamente.

El ADN genuino honra hacia atrás y construye hacia adelante.

No importa dónde estés, si fuiste formado en una casa: esa casa sigue siendo parte de tu historia; esa paternidad marcó tu fe; esos mentores fueron parte de tu construcción; la honra que siembras determina el legado que heredas.

Un portador del ADN no apaga su vínculo cuando cambia su temporada; lo mantiene con madurez, respeto y gratitud. Porque aunque Dios mueva a alguien a otra nación, iglesia o comisión: la honra no expira; la gratitud no se muda; el ADN no se abandona.

Jesús enseñó un principio eterno: "Porque donde esté vuestro tesoro, allí estará también vuestro corazón." (Mateo 6:21) Y Pablo instruyó: "El que es enseñado en la palabra, haga partícipe de toda cosa buena al que lo instruye." (Gálatas 6:6)
Esto no se trata de dinero. Se trata de corazón, paternidad, gratitud y honra.
Un líder sin ADN abandona, un líder con ADN agradece, honra y reconoce.

Ser portador del ADN significa valorar la casa que te formó, aun cuando tu camino avance hacia otros territorios.

EL PESO ESPIRITUAL DE LA DESHONRA: AARÓN Y MARÍA

Números 12 revela un principio espiritual de peso sobre la honra. María y Aarón criticaron a Moisés por causa de la mujer cusita, y Dios mismo descendió para corregirlos. La consecuencia fue inmediata: Números 12:9–10. 9 Entonces la _____ de Jehová se encendió contra _____; y se fue. 10 Y la _____ se apartó del _____; y he aquí que _____ estaba _____, como la nieve; y miró _____ a _____, y he aquí que estaba _____.

Lo más grave no fue la lepra, sino esto: Todo Israel tuvo que detenerse siete días. (Números 12:15) Una crítica detuvo un campamento entero. Una murmuración retrasó a una nación.

¿Eres de lo que has deteneniendo la Iglesia? No respondas solo reflexiona

Principios:
- La crítica abre puertas de contaminación espiritual.
- La deshonra provoca juicio y estancamiento.
- Cuando un líder cae en crítica, no cae solo: detiene el avance de todos.

Ningún líder con ADN destruye lo que Dios está edificando. María y Aarón tenían posición, pero no corazón correcto. Honraban con la boca, pero no con la actitud. Dios no tolera la deshonra en quienes cargan asignación.

EL ADN DEL HIJO PRÓDIGO: EL ADN SIEMPRE REGRESA A CASA

El hijo pródigo no perdió su posición por irse; la perdió por alejar su corazón. Pero aun en crisis, el ADN habló más fuerte que el pecado. Dice la Escritura: "Y volviendo en sí, dijo: ¡Cuántos jornaleros en casa de mi padre tienen abundancia de pan, y yo aquí perezco de hambre! Me levantaré e iré a mi padre." (Lucas 15:17–18)

El padre no lo siguió, pero sí lo esperó. No lo controló, pero sí lo vio venir. No lo rechazó, pero sí lo restauró. ¿Por qué? Porque el ADN espiritual siempre vuelve donde pertenece. Jamás se borra.

El ADN del Reino:
- Vuelve aunque falló,
- Vuelve aunque se alejó,
- Vuelve aunque perdió todo,
- Vuelve porque sabe dónde está su paternidad.

El padre declaró: "Porque este mi hijo muerto era, y ha revivido; se había perdido, y es hallado." (Lucas 15:24)

La paternidad espiritual no persigue al hijo; lo espera hasta que madure. El ADN no es pertenencia obligada, es vínculo interno, y el que lo porta, tarde o temprano vuelve a su diseño.

"Este módulo no enseña a retener personas, sino a formar corazones maduros. La visión no controla; la visión forma. Si alguien es enviado o movido por Dios, se celebra. Pero si alguien se aleja por inmadurez, se ora para que el ADN hable más fuerte que sus emociones."

CONCLUSIÓN PROFÉTICA DEL ADN
Un líder con ADN:
- No critica como María.
- No murmura como Aarón.
- No abandona como el pródigo.
- Pero vuelve como hijo.
- Permanece como heredero.
- Honra como familia.
- Y construye como generación enviada.

El ADN no te hace perfecto, pero sí te hace permanente, no evita procesos, pero te mantiene conectado, no te libra de crisis, pero te libra de la desconexión.

Aquí, en la etapa final de esta academia, debes entenderlo: vendrán temporadas de desánimo, voces que dirán que no te toman en cuenta, críticas de quienes no cargan visión, e incluso pensamientos de rendirte. Pero tu ADN no puede variar. Tu llamado no nació en emoción, nació en el Espíritu. Y lo que Dios depositó en ti no puede morir porque otros se desanimen.

Has visto el corazón de tu pastor, el sacrificio de tu mentor, la visión de esta casa. Tu ADN debe ser firme: permanecer, honrar, construir y avanzar. El Reino no necesita líderes emocionales, sino hijos con identidad.

PRINCIPIOS DEL PORTADOR DEL ADN
1. No represento solo a mí: represento una visión celestial.
2. La fidelidad es mi lenguaje; la honra, mi bandera.
3. No cargo un nombre, cargo una generación.
4. Mi servicio es mi ministerio; mi carácter, mi carta de presentación.
5. La visión no se imita, se encarna.

CONFRONTACIÓN DEL ESPÍRITU
- ¿Estás dispuesto/a a llevar esta visión más allá de las paredes del templo?
- ¿Puedes sostener la cultura del Reino cuando nadie te observa?
- ¿Estás dispuesto/a a ser responsable por otros?
- ¿Tu servicio refleja el ADN de tu casa o de tu ego?

"El Espíritu Santo no te trajo aquí para aprender; te trajo para reproducir."

CUESTIONARIO DE REFLEXIÓN – "PORTADORES DEL ADN"

Este no es solo un cierre, es una activación. Tómate el tiempo para responder con sinceridad y profundidad. Lo que escribas aquí puede marcar el inicio de tu legado.

1. ¿Qué parte del ADN de mi iglesia arde con más fuerza en tu espíritu? (Ej. pasión por la presencia, servicio con excelencia, formación de discípulos…)

2. ¿Qué compromiso práctico estás dispuesto/a a asumir para vivirlo con fidelidad?
(Ej. servir con constancia, liderar con integridad, orar por la visión…)
3. ¿Cómo puedes transmitir esta cultura a nuevos creyentes o líderes/as?
(Ej. por medio del ejemplo, mentoría, enseñanza, acompañamiento…)
4. ¿Qué precio estás dispuesto/a a pagar para proteger esta visión?
(Ej. tiempo, renuncia, obediencia, permanencia…)
5. ¿Qué significa para ti ser un/a "portador/a del fuego"?
(Describe cómo se ve ese fuego en tu vida diaria.)

DECLARACIÓN FINAL – "SOY PARTE DE LA VISIÓN"

Soy hijo/a del Reino y de esta casa.
Llevo en mis manos la visión y en mi corazón la presencia.
No retrocederé, no me detendré.
Seré voz, no eco; constructor/a, no espectador/a.
Mi iglesia no es un lugar, es una asignación en mí.
Desde hoy vivo, sirvo y lidero con el ADN del Reino.

CIERRE PROFÉTICO Y ENVÍO

Hoy no solo cierro una etapa, abro una generación. No soy simplemente un estudiante: soy portador del fuego, columna de esta visión y embajador del Reino. Recibo la impartición del ADN de esta casa. Donde yo pise, el Reino se manifestará. Declaro que el fuego de esta visión nunca se apagará en mí. Este llamado no termina aquí: lo llevo en mi espíritu, en mis manos y en mi caminar. Cada día será una oportunidad para vivir, servir
y liderar con propósito eterno.

TAREAS FINALES – "VIVIR EL ADN"
1. Escribe tu testimonio: ¿Cómo esta academia transformó tu liderazgo?
2. Escoge un nuevo discípulo/a: tu puedes comenzar a mentorear a alguien con propósito.
3. Ora y sirve semanalmente: Hazlo con excelencia renovada.
4. Defiende la visión: Sé guardián/a y multiplicador/a del ADN.
5. Participa del Servicio de Envío: Únete al equipo de expansión de de la iglesia

SEMANA LIBRE PARA QUE TE PONGAS AL DÍA
CON TUS ASIGNACIONES

9

LA COMISIÓN FINAL

Esta conclusión está diseñada para marcar el final de la enseñanza y el comienzo de la misión, cerrando con una declaración de envío.

El fuego no se detiene: la misión comienza

Hemos llegado al final de estas páginas, pero este no es el final de tu formación; es el comienzo de tu asignación. El liderazgo no comienza en una plataforma, sino en un altar. Y es en ese altar, lejos de las multitudes, donde el Espíritu Santo te ha forjado.

Este manual te ha equipado con el ADN del Reino: el compromiso inquebrantable con la visión, la lealtad que sostiene los procesos, la humildad del liderazgo que sirve, y la convicción de que la excelencia es la manifestación visible del compromiso con Dios.

Recuerda siempre: Dios no promueve talentos, promueve lealtades. La visión no es una opción humana, sino una asignación divina. Tu vida no puede seguir bajo agendas personales; debe estar alineada con el Reino.

El llamado final es simple, pero radical: morir al ego, tomar la toalla y servir. Ahora, sal de estas páginas y entra en el campo de la misión. No fuiste formado para ser espectador, sino portador del Reino. El ADN de esta casa —que ahora también es tu ADN espiritual— corre en ti. Ve y transforma familias, ciudades y naciones con el fuego, el amor y el poder que has recibido. El Espíritu Santo no solo te ha enseñado a liderar, sino a vivir una vida que inspire a otros a seguir a Cristo.

Por tanto, puedes iniciar, consolidar y multiplicar un grupo pequeño como extensión viva de tu iglesia: una célula donde se ama, se enseña, se sana y se envía.

Hazlo con el deseo ardiente de servir y multiplicarte, entendiendo que el verdadero fruto del liderazgo no es lo que se aprende, sino lo que se reproduce, se imparte y se deja como legado.

- **Hechos 2:46-47** – "Y perseveraban unánimes cada día en el templo, y partiendo el pan en las casas…"
- **Mateo 18:20** – "Porque donde están dos o tres congregados en mi nombre, allí estoy yo en medio de ellos."
- **Marcos 3:14** – "Y estableció a doce, para que estuviesen con Él, y para enviarlos a predicar."

1. ¿Qué es una célula, grupo de vida o extensión de la iglesia?

Una célula es la iglesia viva en casa, un punto de encuentro donde la presencia de Dios se hace familia.

No es una estructura, es un fuego que se comparte, cada grupo de vida es una antorcha encendida del Reino: una comunidad pequeña con un propósito eterno.

Propósito de una célula

1. **Encender vidas** con el amor y el poder del Espíritu Santo.
2. **Acompañar historias** hasta ver transformación genuina.
3. **Formar discípulos** que vivan y reflejen la cultura del Reino.
4. **Multiplicar herencia**, enviando hijos e hijas que lideren con pasión y propósito.

2. El corazón de un líder de célula

El líder o lideresa de célula no es un jefe, sino un anfitrión del Reino, un hombre o una mujer que abre su hogar para que Cristo sea conocido. Liderar una célula no se trata de tener un espacio lleno, sino de tener un corazón dispuesto.

Características del líder de célula:

- Ama a las personas más que al micrófono.
- Vive bajo cobertura y honra espiritual.
- Ora por su grupo como un pastor por sus ovejas.
- Enseña con el ejemplo y con su estilo de vida.
- Se multiplica formando otros líderes.

3. Cómo levantar una célula paso a paso

Paso 1: Ora por dirección.
Pide al Espíritu Santo que te muestre el lugar, las personas y el propósito. No comiences desde la emoción, sino desde la instrucción divina.

Paso 2: Comienza con lo que ya tienes.
La célula puede iniciar con las personas que has visitado o las que ya has tenido contacto, has acompañado, discipulado o seguido durante los ocho módulos de esta Academia de Formación. Ellos son el primer terreno donde puedes sembrar lo que Dios depositó en ti.

Paso 3: Forma tu equipo base.
Identifica uno o dos compañeros de visión que oren contigo, te ayuden en logística y acompañen el crecimiento del grupo.

Paso 4: Elige el lugar.
Tu casa, una sala, un parque o una oficina pueden ser el punto de encuentro. Lo importante no es el espacio, sino la **presencia** que se manifiesta allí.

Paso 5: Establece una estructura sencilla y viva.
1. **Bienvenida y conexión** — crear un ambiente familiar y de confianza.
2. **Alabanza y oración** — invitar al Espíritu Santo a tomar el control.
3. **Palabra práctica** — compartir una enseñanza breve y aplicable. Hasta de la misma que se compartio el domingo o en la semana de la iglesia (es mas fácil por las notas que ya tomaste de la predicación)
4. **Oración y envío** — ministrar, orar por necesidades y dejar una acción práctica para la semana.

4. Consolidando tu grupo
El crecimiento no se mide por cuántos llegan, sino por cuántos permanecen transformados.

La consolidación es el arte de cuidar corazones.
Principios de consolidación:
- Llama, escribe y ora por las personas fuera de la reunión.
- Acompaña sus procesos personales y espirituales.
- Enséñales a orar, leer la Palabra y vivir en comunidad.
- Conecta tu grupo con la iglesia y con tus pastores.
- Sé ejemplo en constancia, humildad y fe.

"No cuides asistentes, cuida almas. Lo que se hace por amor, permanece."

5. Multiplicación: el fruto de un liderazgo maduro
Una célula saludable da fruto y se multiplica. No se trata de crecer por número, sino por herencia. Cada líder que levantes es una extensión del fuego que te fue impartido.

Claves para multiplicar:
1. Identifica a quienes muestran fidelidad y disposición.
2. Hablales de lo interesante que es la formación para que se enamoren de la visión.
3. Asigna pequeñas responsabilidades en tu grupo y celebra sus avances.
4. Recuerda: la multiplicación no divide, extiende el Reino.

INTEGRACIÓN Y COMPROMISO CON LA IGLESIA

No todos iniciarán una célula de inmediato, y eso está bien. Lo importante es que nadie termine este proceso sin servir en algo. Todo discípulo maduro encuentra su lugar en el cuerpo: unos enseñan, otros interceden, otros administran, otros sirven con sus manos o su arte.

Formas de integrarte en la Iglesia:
- **Ministerios de servicio:** bienvenida, protocolo, limpieza, logística, hospitalidad.
- **Ministerios de impacto:** evangelismo, adoración, medios, discipulado.
- **Ministerios de formación:** enseñanza, mentoría, consejería, academia.
- **Ministerios de ayuda:** cocina, transporte, apoyo comunitario, misiones.

Cada área es una puerta para que tu don florezca. Servir en la casa es tan espiritual como liderar una célula, porque todo servicio con amor expande el Reino.

"El que no toma un micrófono, puede tomar una escoba; el que no dirige una célula, puede sostener los brazos de quien sí lo hace.

En el Reino, toda función tiene valor eterno."

Compromiso de vida:
- Decido no quedarme quieto.
- Buscaré un lugar donde servir con pasión.
- Me someteré a mis líderes y trabajaré en equipo.
- Haré de mi servicio un altar, no una tarea.

Activación práctica

Ejercicio 1 – Mi mapa de servicio y multiplicación.
Haz dos columnas:
- **Mi célula o grupo de vida:** (dónde, con quién, cuándo).
- **Mi área de servicio en la iglesia:** (qué ministerio, quién lidera, qué puedo aportar).

Ejercicio 2 – Primer paso.

Habla con tu líder o pastor/a y preséntale tu decisión:
- "Quiero comenzar un grupo de vida" o
- "Quiero servir en esta área."

Toma una acción concreta esta semana. (estaremos esperando)

DESAFÍO FINAL DE LA ACADEMIA

"La meta de esta formación no es solo aprender a servir, sino multiplicar el fuego del Reino y cargar la visión de la casa. Cada módulo fue una semilla, y este capítulo es el fruto visible: servir, discipular, o liderar con excelencia. Nadie se queda al margen; todos somos parte del cuerpo."

¡El manual termina aquí, pero tu obra continúa en tus manos, en tus palabras y en tus obras!

PROGRAMA DE UNA CELULA O EXTENSIÓN DE LA IGLESIA

Muchos líderes desean dar inicio a su ministerio y así cumplir el llamado que Dios les ha hecho. El primer paso para lograr este propósito y el crecimiento es través de una célula. A continuación, conocerá los 6 pasos que harán que su célula sea eficaz. Para un desarrollo efectivo de las células se sugiere tener en cuenta el siguiente esquema:

Iniciar a la orar programa para respetar a los que llegan temprano (esto es vital, asi lograran puntualidad)

1. **Bienvenida y saludo oración** · 5 minutos
2. **Canticos (teléfono móvil, tv, ect,)** · 10 minutos
3. **Desarrollo del tema** · 20 Minutos (puedes usar la predica del domingo anterior, toma notas en la predicacion para que te sea mas fácil exponerlo en tu grupo de células)
4. **Ministración** · 10 minutos (orar para miembro) peticiones
5. **Cierre** · 5 minutos
6. **Registro,** (quienes estuvieron presentes y excusas)

Objetivos
- Llegar sumar 6 nuevos en 90 días, 2 por mes.
- Lograr que cada miembro tenga biblia

RECOMENDACIONES BÁSICAS

- Utilice un lenguaje sencillo, sea amable en cada una de sus expresiones, no utilice un lenguaje religioso.
- Pida al Señor creatividad para que cada semana la célula sea una experiencia de vida, para cada uno de sus asistentes.
- Su mensaje debe ser de fe, de esperanza y que le motive a usted y a sus invitados a seguir adelante en la vida cristiana.
- Transmita el amor de Dios a cada persona.
- Sea estricto con usted mismo en aspectos como: preparación del tema, puntualidad y presentación personal.
- Unas excelentes relaciones con el anfitrión permitirán crear una atmósfera en la cual el Espíritu Santo pueda moverse con libertad.
- Transmita a través de la célula el sueño de Dios para la vida de cada uno de los asistentes.
- Comparta semanalmente un mensaje que traiga vida a su célula.
- Motive a los asistentes a participar de las reuniones y a ser miembros activos de la celula.
- Enseñe acerca de la importancia de congregarse.
- No exceda el tiempo acordado para la célula (45 minutos a 1 hora).
- Guarde prudencia dentro del hogar donde realiza la célula. Su testimonio habla por usted.
- Lea, estudie y prepárese para recibir la bendición que Dios tiene preparada para usted.
- Póngase de acuerdo con el anfitrión para invitar siempre personas nuevas a la célula.
- No olvide realizar siempre la oración de fe.
- Esté atento a orar siempre por las necesidades de los asistentes.

PARA REFLEXIONAR

Este libro termina, pero tu proceso apenas comienza. Lo que recibiste aquí no fue un contenido para estudiar, sino un llamado para vivir. No fueron conceptos, sino dirección del Espíritu. No fueron páginas, sino una activación divina sobre tu propósito.

Dios no te formó para ser espectador, sino para ser discípulo, impartidor y portador de legado. Todo lo que has aprendido aquí tiene una demanda espiritual: multiplicar lo recibido. El Reino no crece con información, crece con obediencia.

El DIL —Discipulado, Impartición y Legado— es un modelo del Reino diseñado para formar carácter, encender propósito y dejar huella espiritual en cada casa donde sea impartido. No pertenece a una sola iglesia; pertenece al Reino y sirve a todas las que decidan usarlo para edificar generaciones.

Hoy cierras un libro, pero abres una responsabilidad: vivir lo aprendido, modelar lo enseñado y producir fruto que permanezca. Que tu carácter hable más fuerte que tu voz. Que tu servicio abra camino donde otros no han entrado. Y que tu vida se convierta en un mensaje vivo de Cristo en tu iglesia, tu familia y tu nación.

Este libro llega a su final, pero tu misión comienza ahora.

Israel y Noelia Valenzuela
Fundadores – Academia de Liderazgo DIL
Discipulado • Impartición • Legado

Bibliografía

1. Santa Biblia. Reina-Valera 1960. Sociedad Bíblica Internacional, 1960.
2. Biblia de Estudio Plenitud. Editorial Caribe, 1992.
3. Blackaby, Henry & Blackaby, Richard. *Liderazgo Espiritual: Movido por Dios para Impactar su Mundo.* Nashville: B&H Publishing, 2001.
4. Sanders, J. Oswald. *Liderazgo Espiritual.* Chicago: Moody Press, 1967.
5. Ravenhill, Leonard. *Por Qué No Llega el Avivamiento.* Barcelona: Clie, 1990.
6. Tozer, A. W. *El Hombre: Morada de Dios.* Miami: Editorial Vida, 1985.
7. Maldonado, Guillermo. *Liderazgo del Reino.* Miami: King Jesus International Ministry, 2014.
8. Bonnke, Reinhard. *Evangelismo por Fuego.* Orlando: Christ for All Nations, 2003.
9. Stanley, Andy. *El Principio del Liderazgo: Cómo Convertirse en la Persona que Otros Querrán Seguir.* Nashville: Thomas Nelson, 2003.

Made in the USA
Coppell, TX
16 January 2026

66645888R00083